GÉOGRAPHIE :

Origine de la Géographie; — Ses progrès successifs dans les différents siècles; — Géographes célèbres; — Divisions générales; — Mers, Détroits, Iles, Presqu'îles, Isthmes, Caps, Montagnes, Volcans, Lacs, Fleuves, Rivières, des cinq parties du monde. Divisions particulières des différents royaumes de l'Europe en provinces ou départements, avec les noms des capitales.

Le Principal,
WEISS.

Le Directeur des Études,
RETOURNAY.

Vic, Impr. de R. GABRIEL.

LE CHATEAU
DE
PIERRE-PERCÉE.

CHAPITRE I.

Origine de la Géographie. — Ses progrès successifs dans les différents siècles : — Géographes célèbres ; — Divisions générales : — Mers, Détroits, Iles, Presqu'îles, Isthmes, Caps, Montagnes, Volcans, Lacs, Fleuves, Rivières, des cinq parties du monde.

Tous les Exemplaires porteront la griffe du Libraire-Editeur, et celle de l'Auteur, propriétaire de l'Ouvrage.

IMPRIMERIE DE J.-C. DOCTEUR, A RAON-L'ÉTAPE.

LE CHATEAU DE PIERRE-PERCÉE,

ROMAN HISTORIQUE

tiré de l'histoire des Comtes de Salm dans le douzième siècle ;

PAR J.-C. DOCTEUR,

Membre de l'Académie fondée en Lorraine par Stanislas.

Si canimus silvas, silvæ sint CONSULE dignæ. Virg. Ecl. 4.

A SAINT-DIÉ,

CHEZ JULES TREXON, LIBRAIRE-ÉDITEUR.

A NANCY, CHEZ HINZELIN, LIBRAIRE.

1840.

PRÉFACE

SUR LE ROMAN.

J'ai toujours cru qu'il est de la plus haute inconséquence à un être intelligent de faire un ouvrage inutile. D'après ce principe, je m'étais abstenu de faire des romans, malgré le goût très-prononcé de notre siècle pour ce genre d'écrits, parce que je m'étais figuré, comme bien d'autres se le figurent, qu'un roman, par cela même qu'il est roman, est une œuvre inutile ou au moins frivole. Je considérais à peu près les romanciers comme les baladins de la littérature, comme des hommes qui n'ont pour but que d'amuser les oisifs pour gagner de l'argent. Sous ce point de vue, le roman le plus spirituel et le mieux fait ne me semblait que l'amusement de la pensée et la prostitution du génie. Mais, en examinant la chose de plus près, j'ai reconnu mon erreur, et j'ai vu qu'il n'est point d'ouvrage écrit de main d'homme qui puisse faire autant de bien qu'un roman; j'ai reconnu que les romanciers, s'ils se mettent à la hauteur du genre qu'ils exploitent, ne sont point seulement les plus sages des philosophes (car un roman ne peut être bon s'il n'est saturé d'idées et de philo-

VI

sophie), mais encore qu'ils sont les plus utiles de tous les écrivains. J'ai vu que le roman est, par droit de nature et par droit de conquête, la véritable école des masses, et le vade mecum de toutes les intelligences. J'ai vu que désormais le roman est appelé à former l'intellectualité des nations, que l'éducation prosaïque de nos colléges et de nos écoles ne fait qu'ébaucher, et que ce sont surtout les romans qui élèvent à la dignité d'hommes bien des êtres intelligents qui ne sortiraient pas de la poudre matérielle sans eux. Je me suis convaincu qu'il y a plus de sève nourricière dans un roman, s'il est bien conçu et bien exécuté, que dans les théories les plus parfaites et que dans les livres de science les mieux fondus, car un roman, par cela même qu'il est roman, essaie de tout et parle de tout. Il n'est point de coin du domaine intellectuel qu'il n'exploite. Tout en voyageant sur sa narration, il peut, sans se déranger, frôler toutes les idées, battre en brèche toutes les erreurs, prêcher toutes les vertus, et combattre tous les vices. Il n'est rien de laid dont il ne puisse faire rougir, ni rien de beau qu'il ne puisse faire aimer. Le roman a, de plus, cet inappréciable avantage qu'il est à la portée de tous et du goût de tous. Hormis un petit nombre d'hommes que la profondeur de leur esprit entraîne instinctivement vers les sciences, quels sont ceux qui lisent des ouvrages scientifiques ? ceux-là tout au plus qui ont un intérêt direct à les lire, et qui veulent se frayer un chemin à la fortune par la science. Encore, lorsqu'ils sont en possession de l'emploi ou de la place qu'ils ont désiré, ils mettent de côté la science et ses épines comme on rejette un habit de collége, ou comme on renvoie le char sous le hangar lorsque le voyage est terminé. Et les livres qui, tout en reculant les limites de la science intellectuelle, jettent une vive lumière sur les plus grandes vérités du Christianisme, ont-ils plus de chances de succès ? Une funeste expérience m'a révélé le contraire. Les hautes idées n'atteignent que les hautes intelligences, et elles sont misérablement décriées par les petites. Beaucoup de Chrétiens ne reconnaissent plus les dogmes dont on leur a appris les mots, lorsqu'on vient à leur en montrer la sublime profondeur, et beaucoup de pasteurs ont tant de zèle pour la foi, qu'ils aiment mieux la conserver petite que de souffrir qu'on l'agrandisse.

Les romans, au contraire, sont lus avec avidité par les hommes de tous les âges et de toutes les conditions, et cela par l'unique raison qu'ils répondent aux besoins de tous. L'ignorant y trouve un panorama d'idées et de faits qui débrouillent ses sentiments confus et agrandissent son intelligence. Le savant y saisit avec joie les fleurs de la pensée, la justesse des expressions et la vérité des tableaux. La jolie femme y cherche de tendres choses, et l'homme sensé des réflexions profondes. La pensée n'en est que plus vive et plus ardente lorsqu'elle suit le mouvement des faits, semblable à la lumière, qui devient plus subtile et plus colorante lorsqu'elle sort d'un foyer plus agité.

Les conditions intrinsèques qui font la base du roman justifient la prédilection du public pour ce genre de compositions.

Qu'est-ce qu'un roman ? C'est un ouvrage qui peint la nature et les hommes ; c'est un ouvrage qui exploite tout ce que Dieu a créé pour en faire sortir la lumière et la faire jaillir aux yeux de tous ; c'est un ouvrage qui sait attirer la réflexion sur les nuances les plus délicates des pensées et des choses. C'est UN OUVRAGE QUI PEINT : ce mot seul indique quelle est l'utilité du roman, et quelle doit être la délicatesse du génie aussi bien que le talent d'observation de ceux qui se livrent à ce genre de travail, car on ne connaît les choses qu'autant qu'elles sont bien peintes, et on ne les peint bien qu'autant qu'on les voit comme elles sont. Le roman peint l'homme individuel, il peint son âme, il peint sa physionomie, il peint son caractère. Le roman est donc une œuvre de haute philosophie en même temps que d'une utilité incontestable. Le roman peint la nature, il peint les cieux, il peint les formes agrestes pour faire comprendre tout ce que Dieu y a mis de suavité et de grandeur. Le roman peint surtout la société, il peint les mœurs et les passions des hommes ; il est un miroir qui reflète le mouvement des cœurs et les égarements de l'esprit. Le roman ne peut être histoire, parce que la vérité historique ne ramasse jamais ce qu'il y a de physionomie intellectuelle ou d'expression caractéristique dans les actes d'un homme. Mais le roman peut être historique, parce qu'il peut mettre en scène les personnages connus dans l'histoire pour leur attribuer toutes les formes et tous les accidents d'un caractère. Le roman ne peut être géographie, parce que la géographie ne met jamais sous les yeux tout ce qu'il y a de grand et de pittoresque dans les formes d'une contrée. Mais il peut être géographique, parce qu'il peut faire la description d'un site et offrir une image exacte des lieux où il place ses héros. La nature est belle partout ; partout elle attend un pinceau qui la peigne ; partout elle demande à être saisie par un observateur adroit, et à être exprimée par des touches fines, pour être admirée. Partout elle est belle comme une amante et digne comme une reine. Partout le ciel s'entrelace à ses beautés et se marie à ses grandeurs.

En deux mots, le roman, par son essence, est une suite de tableaux, et il se rapproche d'autant plus de son but artistique qu'il offre des peintures plus exactes, plus variées, plus délicates et d'un genre plus réel.

On a donc tort de croire que le romancier puisse, sans sortir de son art, s'abandonner au caprice de son imagination et s'élancer hors des routes tracées par la nature. Au contraire : son art le ramène toujours dans les voies naturelles, et s'il s'en écarte son œuvre n'est plus un roman : ce n'est qu'une œuvre qui n'a ni genre ni nom dans le monde connu. Il faut beaucoup d'imagination pour produire un roman, parce qu'il faut beaucoup imaginer pour peindre ; mais il faut encore plus de tact et de raison, parce qu'il faut bien sentir et bien raisonner pour peindre juste. Et c'est en cela que consiste l'excellence du genre et le mérite du véritable romancier. Un romancier est un homme qui a une connaissance profonde de la nature et des hommes ; c'est un homme qui voit le ridicule où il est, et qui sait rencontrer la sublimité et la grandeur où elles se trouvent ; c'est un homme qui entend le langage des faits, et qui sait lire jusque dans les derniers replis de la pensée. Le roman est une œuvre qui retrace ce qu'il y a de plus intime, de plus caché, de plus mystérieusement caractéristique dans les faits les plus vulgaires ; et c'est par cela même qu'il plaît, car il y a au fond de toutes les choses existantes une suavité qui n'entre jamais dans les œuvres de la fantasmagorie. C'est encore par cela qu'il agrandit l'âme et qu'il fortifie la pensée, non point en amenant l'homme jusqu'aux principes toujours contredits de la science ; mais en lui donnant la clef de la philosophie intime et en le faisant promener dans le labyrinthe de la vie.

C'est parce que le roman doit être une suite de tableaux qu'il ne peut se dispenser d'être fabuleux, même lorsqu'il s'appuie sur des évènements véritables. Toute peinture suppose une connaissance approfondie des mœurs et des caractères, et jamais le génie historique n'est parvenu jusque-là. Il saisit au vol quelques paroles et quelques actions ; mais il ne suit pas son individu pas à pas pour retracer ce qu'il y a de plus fugitif dans ses actions et de plus véhément dans son instinct ; il suit de loin son personnage, mais il ne s'attache pas à lui. L'historien raconte les évènements, mais il ne connaît pas l'homme. Le génie historique est en quelque sorte un génie brut aux yeux duquel ne viennent point se réfléchir les rayons les plus perçants de la lumière. Rien de profondément intellectuel ne l'ébranle, rien de subtilement coloré ne le frappe. Il n'est ni poète, ni philosophe, ni tendre, ni majestueux, ni passionné, ni amant. Le génie romancier vient après lui, non point pour le corriger (car il doit le suivre pas à pas autant qu'il est possible), mais pour donner une teinte de vie à ses tableaux, et pour suppléer à son manque de vue ou de pénétration par ses conjectures. Toujours après un historien un romancier est de mise. Lorsqu'une histoire est finie, c'est au romancier à se promener, le pinceau à la main, sur les ruines qu'elle a montrées du doigt et à mettre en mouvement les caractères dont elle a ébauché le tableau. Il y a donc cette différence entre le génie de l'historien et celui du romancier, que celui-ci voit profondément avec les yeux de l'âme, tandis que l'autre n'a que la mémoire ou les yeux du corps. Il suffit de voir ou de se souvenir pour raconter, mais il faut profondément sentir et imaginer pour peindre. Un roman historique, s'il est tracé avec jugement et précision, est donc, en quelque sorte, un supplément à l'histoire. Tout en outrepassant la vérité, mais en ne la contredisant pas, il la rend plus séduisante, plus vivante et plus palpable. C'est en ce sens que l'on peut dire que l'on ne connaît bien l'histoire que par les romans ; car jamais les faits dépouillés de peinture ne se gravent dans l'esprit comme ceux auxquels l'imagination surajoute son vernis et ses couleurs.

Sans doute un génie faux peut fausser l'histoire et dénaturer les évènements dont il offre l'image. Sans doute un génie extravagant peut prêter à ses personnages un caractère et des mœurs qui ne sont pas dans la nature, et habituer par là les lecteurs crédules à juger mal des hommes et des choses. Sans doute un génie licencieux peut présenter des images dangereuses et donner une teinte d'héroïsme à des sentiments criminels. Mais tous ces défauts sont dans l'homme, ils ne sont pas dans le genre. Les mêmes inconvénients se rencontrent dans tous les genres d'écrire et jusque dans la conversation orale. Faudra-t-il, pour cela, condamner les hommes à un éternel silence ? Faudra-t-il, parce que des prédicateurs débitent de faux principes et de pieux mensonges dans la chaire de vérité (a), fermer la bouche à la Religion et

---

(a) Dernièrement, j'ai entendu dire à un prédicateur que l'on ne peut faire le métier de philosophe et d'écrivain que par un motif d'orgueil, et que pour éterniser son nom. Ce prédicateur ignorait sans doute que chacun éprouve le besoin d'exprimer ce qu'il sent, et que la nature nous porte à mettre au grand jour de l'impression des idées ou des senti-

fuir l'enseignement des prédicateurs? Tous ces abus de genres ne prouvent qu'une seule chose, c'est qu'il faut se défier des esprits faibles et des cœurs corrompus; c'est que, soit pour la conversation soit pour la lecture, il faut apporter une grande discrétion dans le choix des hommes. Et quand il serait vrai que l'on n'a fait jusqu'à présent que des romans mauvais, ce serait une raison de plus pour que l'on doive essayer d'en faire de bons.

Tout genre est parfait, mais l'œuvre est nécessairement le fruit de l'homme. Un roman sera parfait lorsqu'il sera l'œuvre d'un esprit et d'un cœur sans défauts; il sera extravagant lorsqu'il sera donné par un homme qui croira qu'extravaguer c'est peindre; il sera impie et licencieux lorsqu'il sera enfanté par une âme sans principes et sans pudeur.

Le mien est-il sans défauts? Je n'ai pas l'orgueil de le croire. J'avoue même que, sous le rapport de l'art, il est très-imparfait. Je ne peins pas assez les hommes, et mes esquisses de la nature sont trop faibles. Je viens d'établir les règles, mais je n'ai pas toujours eu la force

---

ments qui ne peuvent s'échapper dans la conversation. Il ignorait encore que l'Évangile condamne à des brasiers éternels le serviteur qui a enfoui son talent.

Un autre prédicateur disait que pour ne point se tromper dans le choix d'un état, on doit consulter son pasteur. Si chaque curé, dans sa paroisse, était juge en cette matière, il y aurait bien des vocations prises à rebours, et les intentions de la Providence seraient bien souvent méconnues.

Etc. Etc.

et le pouvoir de les suivre. Ce n'est pas lorsque l'on débute dans un genre que l'on a le droit d'atteindre à la perfection. Mon désir est de mieux faire, et mon dessein est de mettre sous la forme de romans les principaux faits de l'histoire de Lorraine si mes compatriotes s'unissent à cette œuvre de patriotisme et la soutiennent par un généreux concours. L'histoire de Lorraine est peut-être, de toutes les histoires du monde, celle qui offre le plus d'évènements curieux et de sujets propres à être mis en tableaux. Cependant (chose étonnante!) les Lorrains eux-mêmes ignorent leur propre histoire : presque tous ont perdu l'idée des évènements qui ont changé la face de leur pays; presque tous ont oublié jusqu'aux calamités qui ont bouleversé le sol que cultivaient leurs ancêtres. Ils ignorent l'origine de leurs usages et de leurs cités. Néanmoins tout cela a été conservé religieusement dans l'histoire. Le grand Dom Calmet, qui est le premier des Lorrains qui ait eu un amour véritable de son pays, et le premier des moines Vosgiens qui ait imprimé le cachet d'une haute utilité à son existence...., le grand Dom Calmet a voulu que rien ne se perdît : il a feuilleté toutes les chroniques et interrogé tous les monuments. Son œuvre volumineuse, en roulant depuis Jules César jusqu'au règne de Léopold, a sillonné tous les lieux et ramassé la poudre de tous les siècles. Mais son œuvre volumineuse est souvent difforme à force de matériaux ; et elle a cessé d'offrir un intérêt du premier ordre depuis que la Lorraine, enclouée à la France, a perdu ses usages antiques, sa nationalité et son nom. L'histoire de Lorraine est close à jamais : c'est au génie du roman à s'emparer du champ qu'elle a abondonné. Si sir Walter Scott a su, par la richesse et la variété de ses descriptions, attirer l'attention de toute l'Europe sur les malheurs de son pays, pourquoi ne concourrions-nous pas à illustrer le nôtre, sinon par des dessins aussi brillants, au moins, peut-être, par des dessins d'une vérité aussi frappante. Ceci est une œuvre d'un patriotisme éclairé que j'offre à l'appréciation de tous les généreux Lorrains. On va lire l'histoire du château de Pierre-percée, qui a servi de berceau à la famille qui a régné le plus longtemps dans les Vosges, et qui y a fait le plus de bien. La faveur ou l'indifférence avec laquelle ce premier né de ma plume romancière sera reçu, m'indiquera si je dois continuer à m'élancer dans cette nouvelle carrière, où je vois beaucoup de choses à dire et beaucoup de bien à faire. Il n'y a rien qui ranime l'intelligence et l'héroïsme d'un peuple comme l'histoire de ses ancêtres ; car la gloire vivifie l'intelligence, et il n'y a pas de plus haute gloire pour un peuple que de voir célébrer le sol sur lequel il marche.

Docteur,

à **Raon-l'Étape** (*Vosges*).

EXTRAIT DE LA NOTICE DE LORRAINE,

par Dom Calmet.

article PIERRE-PERCÉE.

« A quelque distance de Badonviller se voit Langstein ou Pierre-percée, château ancien et autrefois considérable, appartenant aux comtes de Salm, dont quelques-uns ont même pris le nom de Comtes de Pierre-percée. Ce nom lui vient d'une roche percée à coups de marteaux, pour y creuser un puits ou une citerne qui est à présent presque entièrement remplie par les pierres qu'on y jette journellement (a).

(a) Il y a un siècle environ que Dom Calmet écrivait ces lignes. Ce puits, où s'est enfouie une partie des débris du château et dans lequel on jette des pierres depuis deux cents ans pour le plaisir de les entendre résonner, a encore néanmoins environ dix mètres de profondeur. Quoique percé dans le roc, il est d'une rotondité admirable et a au moins neuf mètres de circonférence. Il paraît aussi évasé dans le fond qu'à son embouchure. Il est dominé par une antique tour contre la—

XVI

« Étienne de Bar, évêque de Metz, qui a siégé depuis l'an 1120 jusqu'en 1163, assiégea le château de Pierre-percée, et le prit après un siége d'un an et plus. Il bâtit autour de ce château trois forts pour le réduire. »

quelle les vents et les orages se sont déchaînés en vain depuis sept ou huit cents ans, mais dont les bâtisseurs de l'endroit sont parvenus à démolir presque un pan. Il serait à désirer que l'autorité protégeât d'une manière active ces débris magnifiques, et surtout qu'elle prît des mesures pour empêcher que le puits ne fût comblé davantage. Pierre-percée est peu connu à cause de son isolement dans les montagnes ; mais il n'est pas moins certain qu'il renferme, en fait d'antiquités féodales, ce qu'il y a de plus curieux dans la Lorraine. A côté du puits se dessine un rocher qui semble avoir été créé exprès pour soutenir un siège d'une année, tant il est orgueilleux dans sa pose et abrupte dans sa vaste longueur. Au pied de cette roche majestueuse, sur laquelle s'élevait jadis le château des comtes de Salm, on voit aujourd'hui le modeste village de *Pierre-percée*, département de la Meurthe, arrondissement de Lunéville.

LE CHATEAU DE PIERRE-PERCÉE.

CHAPITRE PREMIER.

Le Château de Damegalle.

Le 26 mai 1146, deux ecclésiastiques, accompagnés d'un guide et de quelques hommes d'armes, faisaient leur entrée dans le petit village de Badonviller, paraissant venir des terres de la seigneurie de Blâmont. Comme il était tard, les nobles voyageurs se présentèrent chez le curé du lieu, qui les accueillit par esprit de fraternité; mais on redoubla d'égards pour eux lorsque l'on sut quels étaient leurs titres et l'objet de leur mission. Le curé, moine profès de l'abbaye de Senones, prouva qu'il savait se relâcher de l'austérité claustrale en faveur de voyageurs à qui il voulait faire honneur; et Gertrude, sa chambrière, s'acquitta avec agilité des devoirs attachés à sa profession, non sans murmurer en elle-même contre les affaires de l'Église, qui venaient apporter le trouble et la confusion jusque dans le sanctuaire de sa cuisine.

Le lendemain, par une belle matinée de printemps, les deux voyageurs reprirent leurs montures, et se firent accompagner d'un nouveau guide, qui les mit sur la route qui conduisait en Alsace.

—Enfin, dit le plus âgé, qu'à son habit on reconnaissait pour moine de l'abbaye de Clairvaux, fondée depuis peu par saint Bernard...... Enfin, sire Gautier, nous approchons du terme de notre course. Nous entrons dans la belle chaîne des Vosges, qui, depuis deux jours, se dessine perpendiculairement devant nous comme un rideau de soie verte. Déjà ce rideau s'ouvre, et nous allons paraître devant l'auguste personnage que nous cherchons. Que Dieu et sa sainte Mère veuillent que notre démarche ait le succès que nous avons droit d'en espérer! Mais est-il bien vrai qu'Étienne de Bar ait le caractère aussi indomptable et les manières aussi grandes que la renommée le publie? Je reconnais qu'un pauvre moine comme moi est un instrument peu propre à remuer l'esprit d'un tel homme. Mais la lettre de notre digne abbé, dont je suis l'humble porteur, pourra le maîtriser....... Quelle idée a donc ce pontife de l'Église, de s'obstiner ainsi à demeurer au milieu des montagnes pour assiéger un rocher?

— Dites plutôt, répondit Gautier, vénérable chanoine de la sainte église de Metz...... Dites plutôt : Quel démon le pousse à dissiper ainsi, en guerroyant, les trésors de notre insigne église? Depuis dix ans il entretient à grands frais une milice sacrilége et nombreuse, et nos ornements vont en lambeaux. Il achète des casques et des arbalètes, et il laisse les autels à nu. Il nourrit des vauriens d'Allemands, et des bandes de Barrisiens qui ne valent guère mieux, et les pauvres piteux de notre ville n'ont pas de pain. Est-ce bien là, croyez-vous, le devoir d'un évêque?..... Mais quant aux moyens de le persuader, je vous conseille de prendre de préférence ceux qui vont à l'amour-propre. L'orgueil et l'entêtement, soit dit entre nous, sont les deux premiers anneaux de son caractère ; et si nous pouvons le convaincre qu'il sera glorieux pour lui de prendre la croix, il n'est point douteux que nous le retirerons de ces montagnes, où tous les trésors de notre église s'enfouissent sans aucun profit pour la foi.

— Que Dieu bénisse ma mission, reprit le moine de Clairvaux ! — Et là-dessus, chacun, prenant son livre d'heures, se mit à réciter l'office du jour en marchant à l'ombre des sapins.

Après une heure de marche, leur guide leur fit quitter la route, et ils n'eurent pas fait trois cents pas qu'ils se trouvèrent aux portes du château de Damegalle.

Le château de Damegalle se trouvait placé, comme nous venons de le voir, très-près de la route qui conduisait, par le Donon, de la Lorraine en Alsace. Caché tout-à-fait par de hauts sapins, sous la cîme allongée desquels il disparaissait comme un brigand qui se cache, ce manoir inhospitalier ne pouvait être vu des voyageurs en aucune manière. Le sentier même qui y conduisait était si peu battu, qu'il fallait avoir une connaissance très-exacte des lieux pour le trouver sans peine. Il est à présumer que ce castel, qui, à l'époque dont nous parlons, comptait déjà bien des siècles d'existence, n'avait jamais servi de retraite qu'à des voleurs, à qui il était facile de tomber de là inopinément sur les voyageurs. Sa porte et ses murs étaient brunis par le temps, et semblaient rivaliser de couleur sombre avec les plus noirs sapins. A ses pieds était une citerne arrondie d'où s'exhalait une fétide odeur, et ses fenêtres rares avaient bien plutôt l'air de barbacanes faites pour résister à une attaque, que d'ouvertures propres à recevoir la lumière du soleil. On ne pouvait pénétrer dans cette demeure éloignée de toute habitation, et autour de laquelle la nature même semblait muette d'effroi, sans éprouver un sentiment de malaise. C'est dans ce repaire, digne des brigands les plus féroces, que vivait depuis un an Étienne de Bar, cardinal-archevêque, évêque de Metz, fils de Thierry, compte de Montbéliard et de Bar, et neveu du pape Calixte II (1).

Étienne de Bar, arrivant dans ce pays pour y combattre les comtes de Salm, dont la fierté guerrière et l'esprit d'indépendance lui portaient ombrage, n'avait point trouvé de lieu plus propre à lui servir de retraite, et à retrancher une partie de ses troupes, que le château sauvage dont nous parlons. Il lui avait été facile, au moyen des forces qui l'accompagnaient, de chasser les scélérats qui en étaient les maîtres. Ceux-ci, par désespoir de cause, s'étaient réfugiés sous la bannière du comte de Salm, domicilié à une demi-lieue de là, au château de Langstein, ou Pierre-percée. Cet asile momentané que Herman III, comte de Salm, avait donné à des gens qui semblaient ne mériter aucun pardon, était un beau prétexte pour l'évêque d'incriminer le comte et de continuer la guerre. Il prétendait que Herman avait depuis longtemps des intelligences avec ces meurtriers, et faisait trafic de brigandage avec eux, quoique le noble comte ne les eût reçus que pour augmenter ses forces, et qu'il eût été précédemment en guerre avec eux.

Dès que les deux ecclésiastiques dont nous avons parlé se furent présentés devant le château de Damegalle, ils furent introduits, et présentés à l'évêque.

Étienne de Bar était un homme maigre et d'une stature imposante. Son regard étincelant, et peu habitué à se baisser devant les hommes, exprimait plutôt l'orgueil du commandement et l'habitude des combats, que la pacifique douceur d'un représentant du Christ. Son front large et élevé annonçait une intelligence que la nature avait voulu prédestiner à de hautes idées ; mais alors, comme aujourd'hui, on préférait les affaires à la vérité, même parmi les évêques, et l'on faisait servir au profit de l'ambition ce que l'on avait reçu pour la science. Sur un vêtement de couleur canonique, mais qui descendait à peine jusqu'aux genoux, le cardinal portait une large épée dont il s'était servi plusieurs fois dans les combats à outrance qu'il avait livrés aux seigneurs dont les domaines relevaient ou devaient relever de sa crosse (2). On voyait encore près de son œil gauche la cicatrice d'une blessure qu'il avait reçue du chef des habitants de Damegalle. Il était alors assis dans la chambre principale du château, c'est-à-dire dans celle qui était la moins basse et la moins obscure, sur le fauteuil même du chef de bandouliers qu'il avait détrôné, et qui, pour lors, lui servait de siége épiscopal.

Après avoir rendu les respects d'usage à son évêque, jouissant, par un privilége attaché à sa personne, du titre d'archevêque, le chanoine Gautier annonça ainsi l'objet de sa visite.

— Je viens présenter à votre éminence un digne religieux de Clairvaux, l'ami et le compagnon habituel du célèbre abbé Bernard. Cet abbé, qui se trouve en ce moment dans votre ville épiscopale, l'envoie vers vous avec des dépêches importantes. —

Le religieux, ainsi annoncé, offrit au prélat la missive abbatiale, sur l'enveloppe de laquelle on pouvait lire :

A son éminence le cardinal Étienne, très-digne évêque de la sainte église de Metz, baron de l'Empire, seigneur suzerain de Vic, Marsal, Saarwerden, Deneuvre, Épinal, Rambervillers, et autres domaines.

Son éminence ouvrit la lettre de Bernard avec un air apparent de grand respect. Après l'avoir parcourue rapidement, il répondit aux deux envoyés :

— Avant la fête de la Pentecôte, vous recevrez

notre réponse à l'abbé Bernard. En attendant, soyez les bienvenus dans notre demeure forestière. Vous serez logés à l'étroit; mais, en revanche, rien ne vous manquera de tout ce que l'on peut trouver dans ces bois. Cette forêt, quelque inhospitalière qu'elle vous paraisse, est une espèce de paradis terrestre où le sanglier, le cerf et le chevreuil viennent à l'envi s'enferrer dans nos lances. —

Avant de quitter l'audience, le moine de Clairvaux ne manqua point de s'étendre sur la haute estime dont son abbé faisait profession pour Étienne. Il aborda avec assez d'adresse l'affaire qui était le motif de son ambassade, et exposa, sans paraître y songer, les raisons qu'il crut les plus propres à faire impression sur l'esprit ambitieux du cardinal.

Lorsque l'évêque fut seul, il relut cinq ou six fois la lettre de Bernard; il se promena pendant une demi-heure, et à grands pas, dans sa chambre. Il fit ensuite venir Renaud, son frère, qui l'avait suivi dans cette guerre, Ulric sire de Blâmont, et Arnou, comte de Hombourg, qui, en qualité de feudataires, lui avaient amené des troupes.

Renaud, comte de Bar (3) et de Monçon (*a*), ré-

(*a*) Monçon, qui, depuis, fut appelé *Mousson*, est le château fort qui dominait l'emplacement où s'est élevée la ville

sumait en lui tout le caractère de ces seigneurs du moyen-âge qui étaient toujours en guerre pour des disputes de féodalité, et qui, faute d'idées pour gouverner, asseyaient tous leurs actes sur le caprice du moment ou sur une ambition sans mesure. Aussi sa vie n'a été qu'une suite continuelle de combats, et l'histoire nous le représente tantôt vainqueur et tantôt vaincu, mais cherchant toujours à agrandir ses domaines et à supplanter ses voisins. Plus âgé qu'Étienne de quelques années, il formait un contraste frappant avec ce prélat, avec lequel il n'avait rien de ressemblant que la hardiesse de la démarche et la vivacité du coup d'œil. Renaud avait la taille épaisse, les sourcils à peu près nuls, la tête et la figure d'un carré presque parfait. La nature, en façonnant sa large poitrine, y avait bien mis un cœur susceptible de quelque bonté; mais cette précieuse semence avait été étouffée en partie par l'agitation des camps. Aussi, malgré l'éducation chrétienne qu'il avait reçue de sa mère, Ermentrude de Bourgogne, sœur du pape Calixte II, il pouvait passer, à bien des égards, pour un prince cruel. Les maux que, quelques années auparavant, il avait fait en-

---

de Pont-à-Mousson. C'est à Monçon que Renaud, comte de Bar, faisait habituellement sa résidence.

durer à la cité de Verdun, qu'il était parvenu à réunir à son comté, ne déposaient point en faveur de son caractère, et ses vexations contre le clergé de cette ville n'annonçaient pas qu'il fût possédé d'un grant respect pour les choses saintes (4).

Le sire de Blâmont avait des mœurs plus douces et des idées plus conformes à la justice. Aussi avait-il plutôt la figure honnête d'un instituteur qui a passé sa vie à donner des leçons de morale, que celle d'un homme qui est prêt à courir au combat. Bon et pacifique jusqu'à l'excès, il ne s'était joint au cardinal et n'avait pris les armes contre le comte de Salm, son voisin, que pour ne point tomber, à son tour, sous le glaive épiscopal. Il avait amené à Damegalle Berthe, sa fille unique, son héritière présomptive et son idole; et Berthe, malgré ses vingt ans et une figure où l'embonpoint le plus parfait se disputait la place avec les grâces, avait consenti volontiers à être séquestrée dans ce désert, parce que, depuis qu'elle connaissait Herman, elle s'était éprise d'amour pour les montagnes.

Arnou, comte de Hombourg (château fort près du bourg de Saint-Avold), était aussi feudataire de l'évêché de Metz. Étienne avait repris Hombourg au duc de Lorraine et l'avait rendu à Arnou, petit-fils du comte Hugues, son ancien possesseur, qui avait suivi Godefroy de Bouillon en Palestine, où il était mort avec le titre et la qualité de duc de Jéricho. Ainsi Arnou se trouvait attaché à Étienne de Bar par le double lien du devoir et de la reconnaissance. Comme il avait fait lui-même la guerre en Palestine, où il était né (deux choses qu'il se plaisait à apprendre à ceux qui l'ignoraient et à répéter souvent à ceux qui pouvaient l'avoir oublié), le cardinal le regardait comme un grand homme de guerre, quoique ses talents sur cet article, aussi bien que sur le reste, se réduisissent à peu de chose. En conséquence il l'investissait de toute sa confiance et l'admettait à l'honneur de ses conseils.

A part la jactance continuelle d'Arnou sur ses exploits dans la Terre-sainte, et le soin qu'il prenait de se parer souvent du titre asiatique de son grand-père, il était chevalier franc et loyal dans tous ses actes, sage et modeste dans ses discours. Il avait alors quarante ans, et n'avait point encore songé au mariage, quoique la position de sa famille dans la Terre-sainte, disait-il, lui eût permis d'aspirer aux plus hauts partis du royaume de Jérusalem. Quoi qu'il en soit, il paraît que la vue et la présence de Berthe avaient ébréché tant soit peu ses projets de continence, car depuis que cette jeune personne était arrivée à Damegalle, il s'était déclaré son chevalier et l'obsédait de ses courtoisies. Étienne de Bar aurait vu avec plaisir son protégé devenir l'époux de cette charmante fille, aussi riche que belle; et il avait déjà fait au sire de Blâmont des propositions qui n'avaient point été rejetées. Toutefois le oui de Berthe était encore à prononcer, et à toutes les instances qui lui étaient adressées, elle répondait en plaisantant qu'elle ne se sentait point assez de mérite pour devenir l'épouse d'un homme qui avait combattu honorablement en Palestine, et qui était l'héritier en ligne directe du duché de Jéricho. Avec le comte Arnou lui-même, elle ne prenait point un autre ton, car la beauté a toujours eu le droit exclusif de rire au nez de la sottise, comme la sagesse a toujours eu celui de la gourmander.—Duc de Jéricho, disait Berthe au comte de Hombourg lorsqu'il devenait trop pressant sur l'article du mariage, vous avez pris quarante ans pour songer au choix d'une femme : permettez que je prenne quelques années, ou au moins quelques mois, pour songer au choix d'un époux.—Et le duc de Jéricho prenait patience, espérant tout du temps et des réflexions de la jeune fille.

Lorsque les trois conseillers d'Étienne furent arrivés en sa présence, il leur lut à haute voix la lettre qu'il venait de recevoir. Elle était conçue en ces termes :

« Bernard, très-indigne abbé de Clairvaux,
« à l'illustre évêque de Metz.

« Depuis que le Seigneur a daigné faire con-
« naître à son humble serviteur qu'il veut que
« tous les princes chrétiens se liguent pour aller
« délivrer nos frères de la Terre-sainte, je n'ai
« point eu de repos, ni jour ni nuit, que je
« n'aie disposé à cette sainte entreprise les
« hommes qui veulent s'en rendre dignes. Déjà
« Louis VII, roi de France, et plusieurs hommes
« du sang le plus distingué, m'ont donné leurs
« noms, et sont prêts à quitter leur pays pour
« voler à la défense du royaume de Jérusalem.
« Nous espérons qu'un prince de l'Église aussi
« distingué par la naissance et aussi renommé par
« la valeur que vous l'êtes, ne sera pas des der-
« niers à s'enrôler dans cette seconde croisade,
« et que vous ne tarderez point à vous joindre
« aux souverains et aux illustres prélats qui sont
« sur le point de se réunir à Mayence. Nous vous
« en conjurons au nom du Seigneur, quittez le
« siége inutile d'un rocher. Donnez la paix
« à ceux qui la désirent. Sacrifiez, s'il le faut,
« pour le bien de l'Église, une faible portion de
« vos intérêts temporels. Le Dieu qui vous ap-
« pelle par ma faible voix, et qui a daigné nous
« manifester sa volonté par des prodiges, vous

« le rendra au centuple. Je serais allé vous
« présenter moi-même mes exhortations, et vous
« parler bouche à bouche, si je n'avais à traiter
« ici la même affaire avec un envoyé de l'Empe-
« reur. Du reste, chacun désire ardemment vous
« voir au milieu de votre troupeau, car il y a
« ici des gens qui s'égarent comme des brebis
« qui n'ont point de pasteur. Ramenez à Metz
« toutes vos troupes, et disposez-les à combatre
« au nom du Seigneur. »

A cette missive s'en joignait une plus brière, dont voici la teneur :

« Mon empereur et maître, Conrad III, très-
« auguste roi des Romains, désire, et, au besoin,
« commande que vous lui renvoyiez avant la
« Saint-Jean prochaine les troupes qu'il vous à
« données pour auxiliaires. Elles lui deviennent
« nécessaires dans les circonstances présentes.

Williams Hérald, envoyé de l'Empereur. »

— Qu'en pensez-vous, Renaud, dit le cardinal-évêque à son frère? Faut-il laisser en repos ces loups de Salm pour courir après des chiens d'Infidèles? J'y serais assez disposé (car où est le moyen de s'en défendre?), si ce n'était une honte pour nous de n'avoir pu forcer cette pierre orgueilleuse à s'incliner devant nos lances.

— Dé quoi se mêle ce Bernard, répondit Renaud en vociférant avec violence (car les méchants ont presque toujours la voix haute et criarde)....... De quoi se mêle ce Bernard, de prêcher les évêques, et des évêques décorés du pallium, comme vous l'êtes? Croit-il que des miracles soient une monnaie propre à payer nos hommes et à nous indemniser de nos fatigues ? Il faut que Herman et Henri de Salm, sans oublier la belle Mathilde, se donnent à merci, corps et biens. Gare à ces aiglons sauvages, si une fois nous parvenons à grimper jusqu'à leur aire ! Nous pourrons bien tordre le cou aux deux mâles, et mettre la femelle en cage pour l'apprivoiser. Quant à la mère, nous lui trouverons dans un couvent une demeure plus commode que son roc aérien, à moins qu'il ne nous plaise de la mettre sous clef au fond de cette maudite tour qu'elle nous oppose avec tant d'orgueil. Mais ne peut-on donc pénétrer dans leur forteresse que par la porte qui touche à cette tour formidable ? On dirait que le diable l'a assise sur cette pointe de rocher pour faire périr tous nos gens. Déjà l'élite de mes Barrisiens a mordu la terre à ses pieds. Quoi qu'il en soit, ce qui nous reste d'hommes peut nous suffire, et vous pouvez, sans renoncer à vos projets, renvoyer à Conrad ses deux mille lansquenets.

— Il faut, dit Ulric, déterminer Herman et son frère à se rendre. Si vous m'en croyez, nous leur enverrons ma fille Berthe, avec une escorte suffisante pour la mettre à l'abri de tout danger. Berthe connaît beaucoup Mathilde et un peu Herman, et il n'est pas impossible qu'elle ne les amène à accepter les conditions que vous voudrez leur imposer. Des propositions faites par une bouche amie sont toujours mieux accueillies, vous le savez, que celles qui sont intimées par un ambassadeur qui porte le glaive; et je ne doute pas que ma fille ne soit disposée à employer tous les moyens possibles de persuasion en faveur de la cause que son père a juré de défendre. —

Arnou appuya cet avis, parce qu'il ne pouvait en ouvrir un meilleur. Seulement il s'offrit pour commander l'escorte qui devait accompagner la jeune ambassadrice, et sa proposition fut acceptée.

CHAPITRE 2.

Le Château de Langstein.

Escaladons en esprit le rocher de Langstein, et pénétrons dans la forteresse, pour lors étroitement assiégée, des comtes de Salm.

La famille qui portait ce nom, et qui n'habitait ce pays que depuis un demi-siècle, se composait alors de quatre individus, d'Agnès, comtesse de Salm et dame de Langstein, veuve de Herman II; de ses deux fils Herman et Henri, et de Mathilde. Cela posé, remontons à l'origine de cette noble famille, et donnons une esquisse rapide de son entrée dans les Vosges.

Herman I, troisième fils de Gislibert, comte de Luxembourg et de Salm, est la tige de la maison de Salm qui s'est établie dans les Vosges. Après la mort de son père, arrivée en 1056, Herman devint héritier du comté de Salm, dans les Ardennes (5).

Alors la querelle des investitures était à son plus haut degré de fermentation, et faisait élever siéges contre siéges, trônes contre trônes. En 1081, Herman, connu par sa bravoure et son attachement aux droits du saint-siège, fut élu empereur d'Allemagne et roi des Romains, en place de Rodolphe, dont Henri IV, autre empereur d'Allemagne, avait dissipé le parti. Herman remporta d'abord quelques victoires contre Henri : à la fin, trahi et abandonné par ceux-là mêmes qui l'avaient élevé à l'empire, il abdiqua volontairement son titre, et se réfugia à la cour d'Adalbéron III, évêque de Metz, qui était son oncle (6). Dès que son fils Herman II (7) fut en âge de porter les armes, Adalbéron lui donna la vouerie de Senones (*a*), et la rendit héréditaire dans sa famille. Le jeune Herman, arrivant dans les Vosges pour prendre la garde du monastère qui lui était confié, songea d'abord à se choisir une demeure qui le mît à l'abri de toute insulte et lui donnât une position dans le pays ; car à

(*a*) On appelait *voués*, ou *avoués* (*advocati*), les seigneurs qui, dans le principe, étaient chargés de défendre les monastères lorsqu'ils étaient attaqués. Peu à peu ces seigneurs devinrent un contre-poids nécessaire à la domination des moines, et souvent ils se virent obligés d'arrêter le torrent dont ils devaient protéger le cours.

cette époque les Vosges étaient infestées de brigands qui ne respectaient ni princes ni moines; et il ne trouva rien qui répondit mieux à ses désirs que le rocher de Pierre-percée, sur le sommet duquel, depuis l'an 900 (8), se trouvait bâti une espèce de castel qui était le retranchement ordinaire d'une troupe de seigneurs dont le métier était de piller les monastères et de rançonner les voyageurs. Il fallut emporter le rocher de vive force, et il paraît que l'ex-empereur lui-même, qui avait voulu accompagner son fils dans ses premières armes, y perdit la vie, écrasé par une pierre lancée par les assiégés (9). Son corps fut reporté à Metz, où Adalbéron lui fit des obsèques conformes à la dignité qu'il avait perdue (10).

Ce fut donc en 1087 ou 1088 que les comtes de Salm s'intronisèrent sur le rocher de Pierre-percée. Là Herman fut presque toujours en lutte avec le château de Damegalle, autre retraite de brigands qu'il ne fut pas en son pouvoir de démolir, parce qu'il n'avait pas en main les forces nécessaires. Ces voleurs, retranchés dans des forêts épaisses, continuèrent leurs déprédations, en dépit du voué, et ne disparurent totalement qu'après l'expédition d'Étienne de Bar. Ses dix mille hommes, perçant les forêts dans tous les sens, et les parcourant en maîtres pendant l'espace d'une année, finirent par faire de ces lieux isolés un pays où l'on pouvait voyager sans risque de perdre la vie. Ainsi, à n'envisager les choses que sous ce point de vue, la guerre d'Étienne de Bar fut vraiment une œuvre providentielle et méritoire. Tout en brûlant les villages et en dispersant les habitants, ses troupes firent l'effet d'un incendie qui détruit les moissons, mais qui, en même temps, finit par anéantir les animaux rongeurs qui se tenaient cachés dans les terriers du champ.

Vers l'an 1110, Herman II, qui avait ajouté à son titre de comte de Salm celui de sire ou seigneur de Langstein, épousa Agnès, dont nous avons parlé d'abord. Il mourut vers l'an 1130, et fut enterré à Senones, où devait finir, après plus de six siècles, l'éclat de sa maison. A la mort de son époux, Agnès, dont les deux fils étaient encore trop jeunes pour avoir part à l'administration, prit en main le timon de la châ_tellenie, laquelle s'étendait déjà sur toute la vallée de Celles, depuis les pieds du *Donon* jusqu'à Raon-l'Étape, et embrassait toute la contrée qui est au nord de cette vallée, jusqu'aux terres de Blâmont et de Turkestein. Nouvelle

Sémiramis, dès qu'Agnès eût succédé à l'autorité de son époux, elle embellit sa Ninive féodale, en augmenta les fortifications, et les assit sur un plus large plan. Le castel, qui n'occupait d'abord qu'une faible partie du rocher, le couvrit avec gloire dans toute son étendue. Sur l'extrémité occidentale de ce rocher, long de cent cinquante mètres et couronnant une montée très-rapide, elle fit construire, en énormes pierres de taille dont rien jusqu'à ce jour n'a pu déranger le ciment, une tour carrée pour défendre l'entrée de l'édifice. Cette entrée n'était autre chose qu'une poterne assez étroite, placée à vingt-cinq pieds au-dessus du sol, et n'était accessible qu'au moyen d'un pont-levis qui s'élevait en pente douce depuis la seule plate-forme qui fût autour du rocher. Au côté opposé de cette tour, Agnès fit creuser dans le roc un puits de douze pieds de diamètre, et qui, si on calcule l'élévation du terrain, devait avoir près de mille pieds de profondeur : c'est ce qui a donné lieu au nom de *Pierre-percée*. A en juger par ce qui reste aujourd'hui de ce puits étonnant, il n'a pas fallu moins de vingt ouvriers pendant quinze ou vingt ans pour achever un tel ouvrage : exemple rare de patience et de force d'âme dans une femme ! A côté de ces preuves de magnanimité et de prudence, elle en donna d'autres de religion et de piété. Sur l'extrémité orientale du rocher, elle érigea, avec toute la magnificence possible à cette époque, une chapelle en l'honneur de saint Antoine, patron du désert (11). Enfin, lorsqu'elle se fût assuré une demeure commode et à l'épreuve de tout évènement, elle songea à civiliser la partie de ses domaines qui n'était point sous le cimeterre des voleurs, et à y faire fleurir la Religion. Elle fit donc bâtir, à trois lieues de Langstein, et sur ses propres terres, l'abbaye de Haute-Seille, et la dota richement. Étienne de Bar lui-même, dans les premières années de son épiscopat, était venu faire la consécration de l'église de Haute-Seille, à laquelle assistait Agnès avec ses enfants (12). Étienne applaudissait alors au zèle et à la piété de la noble comtesse. Pourquoi fallait-il que, seize années plus tard, il vînt, en ennemi cruel, la tenir assiégée sur son roc, et porter le trouble et la désolation dans ses terres?

Herman III, fils aîné d'Agnès et de Herman II, avait environ trente ans à l'époque de ce siège. Toutefois il n'avait point encore songé, non plus que son frère Henri, à plier sa tête seigneuriale sous le joug de l'hyménée. Il n'avait guère songé encore qu'à traquer les voleurs ou les bêtes fauves, qui foisonnaient dans ses domaines. Il présidait aux plaids lorsque l'abbé de Senones les convoquait, et il s'efforçait de donner à ces assemblées publiques un caractère d'ordre et de solennité qui en fit respecter les décisions. Du reste, il partageait fraternellement l'autorité avec Henri, et tous deux figuraient dans les actes publics sous le nom de *Consuls ;* ce qui indiquait sans doute que, comme les magistrats du même nom de l'ancienne Rome, l'un et l'autre avaient une part égale dans la distribution de la justice et les mêmes droits sur l'armée. Toutefois, Herman seul, comme l'aîné, était appelé *comte de Salm :* Henri était *chevalier* de fait et de nom, et prenait aussi quelquefois le titre de *comte de Pierre-percée* (13).

Henri donc était un vrai chevalier du moyen-âge, par la tournure, la courtoisie et la valeur. Sans compter que la nature lui avait donné des facultés d'un genre plus noble que celles dont elle avait gratifié Herman, il avait aussi des manières plus dignes et l'esprit plus cultivé que son aîné, parce qu'il avait passé quelques années à la cour du duc de Lorraine. Il avait même porté les armes sous Simon II, dans l'expédition que fit ce duc contre son frère, Ferri de Bitche. Simon avait été si content de notre jeune héros, qu'un jour il lui dit, en plein ost : *Henri de Salm, je connais ton courage. Lorsque tu seras dans la détresse, viens me trouver, et je serai ton père.*

L'occupation la plus ordinaire de Herman était de courir les montagnes, en traînant à sa suite une troupe de chiens et de veneurs. Il avait dressé pour la chasse de l'ours et du sanglier d'énormes dogues qui plus d'une fois lui rendirent d'éminents services contre des ennemis d'une espèce plus noble. Mais le caractère plus méditatif et le tempérament plus délicat de Henri ne s'accommodaient point de ces bruyants exercices. Il avait reçu de la nature un goût très prononcé pour l'étude. La lecture et tous les exercices où la pensée était mise en action étaient ses divertissements favoris. Malgré les préjugés de l'époque, il admettait qu'il n'y a rien qui divinise l'homme comme la pensée, et rien qui le rende digne de sa nature comme la connaissance des vérités sublimes. Il entrevoyait que toutes les misères et les discordes du temps où il vivait ne provenaient que de l'absence d'idées droites, et de la multitude des préjugés qui dominaient les esprits. Il voyait l'ignorance même assise dans le sanctuaire, et il s'indignait que les hommes qui avaient la mission d'éclairer les autres, fussent les premiers à redouter les heureuses innovations de la vérité et à en intercepter les rayons. Il voyait que la bonne volonté même est l'arme la plus dangereuse qui puisse exister lorsqu'elle n'est point éclairée, et qu'il n'y a point d'êtres plus pernicieux à la société que les gens de bien lorsqu'ils sont dépourvus de lumières, parce qu'ils donnent à la vertu un aspect d'imbécilité qui la décrédite. La vérité même, disait-il, devient hideuse lorsqu'elle est encadrée dans la sottise. Aussi notre Henri, grâce aux dons intellectuels qu'il avait reçus de la nature et à l'élan que l'amour de la vérité avait donné à ses idées, était-il un homme tout-à-fait en dehors de son siècle. Qui d'ailleurs ne deviendrait point grand, pour peu qu'il ait de génie naturel, en habitant sur le sommet d'un rocher, face à face avec les œuvres du Créateur, n'ayant en perspective que des forêts silencieuses, symboles des idées profondes, et en contemplant vingt montagnes de formes différentes, debout, comme des sentinelles, autour de sa demeure? Il faudrait n'avoir point d'âme, dans des sites pareils, pour ne pas penser. Il faudrait n'avoir point vu Pierre-percée pour douter que ce lieu inspire : il faudrait n'avoir point vu l'orgueil et l'âpreté de ce rocher, pour nier qu'il puisse élever l'âme et la mettre au-dessus des idées communes. Les comtes de Salm ont puisé là sans doute les sentiments de fierté et de noble indépendance dont ils ont fait preuve dans tous les temps; et il n'est pas étonnant que ce berceau de leur grandeur, où personne n'a reposé depuis eux, communique encore quelquefois des idées d'une trempe forte et d'une teinte hardie à ceux qui sont nés à ses pieds.

Pour la jeune Mathilde, nous ne dirons rien d'elle en ce moment, sinon qu'elle venait d'atteindre sa dix-septième année, qu'elle avait la complexion robuste de Herman et une partie des traits délicats de Henri; qu'elle avait l'âme aussi noble que le manoir de son père était élevé, et le teint aussi frais qu'il est possible de l'avoir quand on respire un air excorié de toute vapeurs et imprégné de l'aromate des sapins.

CHAPITRE 3.

Départ de Henri.

Le 27 mai, le jour où nous avons vu Gautier et le moine de Clairvaux arriver à Damegalle, la famille de Salm achevait un repas très-frugal dans la salle principale du château, dont les fenêtres, garnies de lourds barreaux de fer, s'ouvraient au midi, vers le village actuel de Pierre-percée. Mathilde était debout, disant pieusement ses grâces, et se préparant à se retirer dans sa chambre, à l'étage supérieur. — Restez, ma fille, lui dit Agnès : nous irons ensemble prier devant l'autel de saint Antoine. Nous réciterons les complies pour les prières du soir. Vous réciterez dans toute la ferveur de votre âme le psaume 90. Nous dirons ensemble : Celui qui habite sous la garde du Très-Haut, et qui a mis sa demeure sous la protection du Dieu du ciel, sera comme à couvert sous l'ombre de ses ailes. Sa vérité l'entourera comme un bouclier et le délivrera des frayeurs de la nuit. Le Seigneur le gardera de la flèche qui vole dans les airs, et des ruses de l'ennemi malfaisant.

— Oui, dit Henri : *A sagittâ volante in die, à negotio perambulante in tenebris.* J'ai toujours admiré la sublime poésie de ce psaume, et je ne me suis jamais endormi sans l'avoir récité. C'est dommage que nos moines et nos hommes d'église ne savent le plus souvent ce qu'ils disent lorsqu'ils récitent le bréviaire. Ces gens-là, qui devraient être les poètes et les philosophes de la terre, parce que la piété ne se nourrit que d'enthousiasme et d'idées, n'ont souvent pas un grain de poésie et de philosophie dans l'âme. Mais vous conviendrez, ma mère, que, dans les circonstances présentes, il nous faudrait encore autre chose que des prières. Vous disiez tout-à-l'heure que vous ne voyez plus de ressource que dans le Ciel. Nos ennemis sont à nos portes, et nous serrent de très-près. Notre demeure est entourée d'un triple cercle de gens féroces dont les cris nocturnes sont plus effrayants que ceux des chouettes. Ils ont bien soin de se tenir à distance de nos traits, il est vrai; et depuis que mon frère et moi nous leur avons tué dix hommes qui rodaient à minuit autour du rocher, nous n'en voyons plus qui se hasardent à venir écouter si nous dormons. Mais nous sommes comme des oiseaux en cage, menacés d'être à tout moment atteints par la griffe du chat. Les vivres sans doute vont nous manquer bientôt : j'en juge ainsi du moins d'après la diète sévère que vous nous faites observer depuis un mois ; et il me semble qu'il serait temps de faire une entreprise hardie pour nous délivrer de la gueule du loup mitré qui nous assiége.

— Oui, mes enfants, répondit Agnès : mes greniers, que j'avais si bien approvisionnés, sont sur le point d'être vides. C'est un malheur que j'aurais voulu vous cacher plus longtemps. J'en ai déjà fait la confidence à Herman, et je suis forcée de vous dire qu'avant quinze jours, si la Providence ne fait un miracle que nous ne devons point attendre, nous serons obligés de nous rendre.

— De nous rendre, ma mère, s'écria vivement Henri ! N'imprimons pas une tache semblable à notre maison. Les descendants d'un auguste empereur mettraient pavillon bas devant un évêque ! Qu'en dites-vous, Herman ? qu'en dites-vous, Mathilde ? Nous rendre ! céder le château de Langstein à Étienne ! lui céder notre seigneurie et nous jeter à sa merci ! Y avez-vous songé plus d'une fois ?

— Pourtant, dit Herman, vous savez qu'une sortie est impossible. A peine nous reste-t-il une centaine d'hommes capables de porter les armes. Que faire avec cela contre dix mille ? Tous les passages sont si bien gardés depuis six mois, que jamais nous ne parviendrons à faire entrer une mesure de farine ou un porc maigre dans notre castel. La vallée de Celles est inondée de Messains. Les Allemands, retranchés sur la Roche-des-Corbeaux, gardent tous les chemins qui arrivent de la plaine ; et les Barrisiens, qui ont planté leur camp sur la côte d'Artimont, ne nous laissent aucune communication avec nos vassaux des montagnes. Encore, si nous pouvions chasser autour de notre demeure, peut-être le gibier que nous rencontrerions serait suffisant pour nous nourrir. Mais non ! Nos forêts se dépeuplent, et ce n'est pas pour nous ! Faut-il que j'aie épargné si souvent et la biche et le cerf, pour que nos ennemis vinssent s'en faire un régal sous nos yeux !

—Fallait-il que ma mère bâtit un si bel oratoire pour que l'évêque de Metz vînt y dire la messe, dit la naïve Mathilde à son tour.

— Si vous n'avez que des doléances à présenter, reprit Henri, moi j'ai autre chose. Je me souviens que le duc de Lorraine m'a témoigné beaucoup d'amitié, et qu'il me dit après m'avoir fait chevalier : *Henri de Salm, s'il t'advient quelque malheur, recours à moi : je serai ton père.* Il faut que je parte cette nuit même. Dans dix jours, au plus tard, je veux vous faire délivrer par une armée de Lorrains.

— Partir, mon fils, lui répondit Agnès ! Y songez-vous, quand une flèche ne pourrait travers... —

Elle en était là lorsqu'un bruit subit de verre brisé, suivi d'un sifflement aigu, se fit entendre du côté où l'appartement prenait jour. A l'instant une flèche traverse la chambre et tombe aux pieds de Mathilde, après avoir frappé le plafond. ..... Quelques minutes auparavant, une fille de service avait apporté un flambeau, et un des assiégeants s'était avancé furtivement pour décocher une flèche dans la pièce où il avait supposé que la famille était réunie.

— C'est cela, dit Henri, aussitôt qu'il vit que Mathilde n'avait eu d'autre mal que la peur : voici la flèche qui vole dans les airs et qui a été lancée par un ennemi nocturne. Renvoyons-la-lui.

— A ces mots, sans perdre de temps, il saisit un grand arc qui était appendu, en forme de trophée, contre un des murs de la salle ; il y appose la flèche même qui venait d'être lancée, et, s'approchant de la fenêtre, il la renvoie par l'ouverture qu'elle y avait faite en entrant.

La lune commençait alors à élever sa tête blanche au-dessus du sommet noir du Diable-Troupeau, et sa clarté naissante avait permis au chevalier de viser juste. L'ennemi nocturne fut donc atteint au moment où il se retirait derrière quelques arbustes, et un cri perçant fit connaître qu'il était dangereusement blessé.

— Qu'on m'aille relever ce drôle, cria Henri à un homme d'armes qui était de service dans l'antichambre, et qu'on me le rapporte ici, mort ou vif.

— Oui, monseigneur, répondit l'homme d'armes. —

Le pont-levis fut abaissé avec beaucoup de circonspection et de prudence. Plusieurs hommes descendirent, et furent bientôt de retour, portant le blessé sur leurs épaules. On s'aperçut qu'il respirait encore, et même qu'il n'avait point tout-à-fait perdu connaissance. Henri fit venir le chapelain du château, qui était aussi le chirurgien en titre, et lui ordonna de donner ses soins spirituels et corporels au prisonnier. Deux heures après, l'homme du corps et de l'âme vint informer le chevalier que la blessure n'était point mortelle, et que le malade était en état de répondre aux questions qui lui seraient adressées. Henri se rendit en conséquence près du blessé, et lui parla en ces termes :

— Ami, dis-nous qui tu es, d'où tu es, et à qui tu appartiens.

— Je me nomme Guillaume Valtrin. Je suis né à Vaucouleurs, et suis archer du comte de Bar.

— Guillaume Valtrin, jure-moi par le Dieu qui t'a créé de me dire la vérité sur une seule question que j'ai encore à te faire. Si tu dis vrai (ce que je saurai avant le chant du coq), tu seras traité comme si tu étais un de nos hommes, et dans un mois tu recevras la liberté. Si tu me trompes, tu seras précipité, pieds et poings liés, de l'angle le plus élevé de notre rocher.

— Monseigneur, je jure Dieu de ne point vous tromper.

— Maintenant, dis-moi quel est, dans toute la ligne qui nous entoure, le mot d'ordre pour cette nuit.

— Monseigneur, le mot d'ordre sur toute la ligne est, aujourd'hui, *Tour de Verdun.*

— Bien ! Si tu dis vrai, tu seras récompensé. Tu vas nous abandonner tes armes et ton pourpoint : je te ferai donner des vêtements plus commodes pour un blessé. —

Henri se transporte à l'instant dans la chambre de la comtesse de Salm. — Ma mère, lui dit-il en fléchissant le genou devant elle, donnez-moi votre bénédiction : je pars pour vous chercher du secours. J'ai récité le psaume 90, et le Dieu en qui j'ai mis toute ma confiance me couvrira de sa protection comme d'un bouclier. Ma mère, seulement ne songez point à vous rendre, et prenez soin du prisonnier blessé.

— Mon fils, cette résolution ne me surprend point en toi. J'ai toujours dit à Herman, ton père : *Henri fera la gloire de notre maison*. Puisque tu t'es mis sous la protection du Très-haut, aucun malheur ne t'arrivera dans ta route, et le Dieu du ciel commandera à ses anges de t'accompagner, de peur que ton pied ne heurte contre la pierre du chemin. Je te bénis.... Mais que dis-je ? Peut-être ne te reverrai-je jamais ! Attends, attends : ou plutôt reste.....

Henri avait déjà disparu, et se couvrait à la hâte du pourpoint et des armes de l'archer de Renaud. Cependant il n'oublia point de se munir de ce qui fait toujours la partie la plus essentielle du bagage d'un opulent voyageur, c'est-à-dire d'une abondante provision de pièces d'or.

Par ses ordres, le pont-levis fut abaissé une seconde fois. A peine se trouva-t-il sur la plate-forme qui est au pied du rocher, du côté de l'occident, qu'il s'agenouilla en se retournant vers le château de ses pères. Après une courte invocation adressée à celui qui protége le castel élevé aussi bien que la chaumière du vassal, notre jeune voyageur descend seul le monticule, et n'a pas fait deux cents pas qu'il est arrêté par le cri de la première sentinelle.

— *Tour de Verdun*, répond Henri! et il franchit la première ligne sans être inquiété.

Une seconde et une troisième sentinelle l'arrêtent également par le qui-vive obligé, et Henri passe à dix pas d'elles en criant, à son tour, le mot magique *Tour de Verdun!* Il évite un groupe nombreux de soldats qui bivouaquaient à mi-côte près d'un grand feu, et il parvient à gagner le bois voisin sans éveiller de soupçons.

Arrivé dans la forêt, notre héros a encore plus d'un obstacle à surmonter. Il ne rencontre plus d'ennemis, il est vrai; mais les ronces et les hautes bruyères, aussi bien que le défaut de sentiers frayés, retardent sa marche et l'arrêtent à chaque pas. Sur sa tête est une toiture épaisse de sapins branchus qui lui dérobent toute clarté; à ses pieds se rencontrent souvent des éclats de roches, et des troncs d'arbres renversés par la pourriture. Plus d'une fois il fait sortir le lièvre de son gîte; plus d'une fois aussi le hurlement du loup et le grognement du sanglier se font entendre à peu de distance; mais l'intrépide voyageur n'en est point ému. Il gravit de cette manière plusieurs montagnes, et il franchit bien des ruisseaux qui n'avaient jamais vu de prince errer, à cette heure, sur leurs graviers solitaires. Après avoir marché ainsi pendant quatre heures, et fait bien des circuits dans la vaste forêt, il se trouve, au point du jour, au pied des murailles de l'abbaye de Saint-Sauveur.

CHAPITRE 4.

L'Ambassade.

Le lendemain de la sortie de Henri, Étienne de Bar fit partir pour le château de Pierre-percée une solennelle ambassade à la tête de laquelle se mit le comte Arnou, se pavanant sur un coursier qui avait été élevé, disait-il, dans les écuries du soudan d'Égypte, et portant sur son écu les armoiries et les emblèmes qui attestaient que la ville et le territoire de Jéricho avaient été donnés en fief à son grand-père. La fille du sire de Blâmont était chargée, comme nous l'avons dit, de porter la parole, et d'user de toute son influence sur l'esprit de sa jeune amie pour amener la famille de Salm à une capitulation. Mais Berthe, qui connaissait la dureté des articles qu'elle avait mission de faire entendre, avait une pensée secrète pour le salut des comtes de Salm, et elle se promettait bien de faire tourner à leur profit l'entrevue qu'elle était sur le point d'avoir avec eux. Non, se disait-elle en elle-même en voyageant sur sa blanche haquenée ; non, je ne travaillerai pas à la ruine d'une maison que j'aime et qui a toujours vécu en bonne intelligence avec la nôtre ; non, je ne persuaderai point à Mathilde qu'il est de l'intérêt de ses frères d'accepter les injustes conditions qu'on leur impose : il y a quelque chose de mieux dans ma tête, et il faut que ce mieux s'exécute. Je m'acquitterai du rôle d'ambassadrice, puisqu'on veut que je le joue ; mais, après cela, rien n'empêche que je ne remplisse des devoirs plus sacrés. Je verrai Mathilde en particulier, puisqu'on veut que je lui parle avec toute l'effusion d'une amie ; mais je lui ferai comprendre qu'il reste à ses frères une chance de salut s'ils veulent confier leur sort à mon habileté, et mettre leur espoir dans le dévouement d'une jeune fille.

En se parlant ainsi, et en arrivant près du rocher de Langstein, Berthe faisait à peine attention aux discours d'Arnou, qui lui parlait des roches de la Galilée, et qui lui montrait, à droite, son étendard déployé dans un vallon auquel il avait lui-même donné le nom de *basse de Jérusalem*. — Ce val est au nord du castel assiégé, disait-il : ainsi mon grand-père, en faisant le siége de la ville sainte, avait sa tente au nord ; et c'est en faisant des prodiges de valeur dans un enfoncement semblable qu'il a mérité l'investiture du duché de Jéricho.

—Duc de Jéricho, répondit Berthe, faites attention à cet archer qui nous observe du haut des murs du château, et qui, si je ne me trompe, s'apprête à nous décocher un trait. Il est temps que vous fassiez connaître notre qualité d'ambassadeurs. —

Alors le comte de Hombourg éleva dans les airs une branche de houx pour témoigner de ses intentions pacifiques. Il demanda et il obtint d'être introduit dans le castel avec la fille du seigneur Ulric. Mais Herman exigea que son escorte demeurât stationnée à vingt pas du rocher.

Voici les articles que Berthe formula, les yeux baissés et avec une voix tremblante, en présence de Herman, d'Agnès et de Mathilde.

Le castel et la châtellenie de Pierre-percée devaient être remis, à l'instant même, entre les mains de l'évêque de Metz, pour en disposer selon son bon plaisir. La famille de Salm devait se dessaisir en même temps de tous ses droits, certains ou en litige, sur la vouerie de Senones.

La comtesse Agnès et sa fille seraient confinées pour le reste de leur vie dans l'abbaye de Remiremont, où elles jouiraient, dès le moment de leur entrée, de tous les droits et prérogatives attachés à la qualité de chanoinesses. Herman et Henri seraient rasés, et prononceraient le triple vœu d'obéissance, de pauvreté et de chasteté; le premier dans l'abbaye de Haute-Seille, en reconnaissance de ce qu'elle avait été fondée par sa mère; le second dans celle de Senones ou de Moyenmoutier, à son choix. L'évêque de Metz faisait savoir que, si ces conditions n'étaient pas admises avant le coucher du soleil, le château allait être investi et bloqué plus étroitement que jamais, et toutes ses dépendances ravagées; et, en cas de prise par assaut ou de reddition plus tardive, on ne répondait ni de la vie ni de l'honneur de personne.

Ces propositions, plus cruelles que chrétiennes, jetèrent la famille de Salm dans un extrême embarras. Elle ne pouvait se dissimuler qu'une plus longue résistance était impossible, puisque la pénurie de vivres allait en s'augmentant, et que les soldats mêmes commençaient à en murmurer. D'un autre côté, le départ de Henri et la promesse qu'on lui avait faite d'attendre son retour, quoiqu'on n'espérât pas beaucoup de ses projets, jetaient un lourd contrepoids dans la balance. D'ailleurs comment livrer immédiatement Henri entre les mains de l'évêque, puisqu'il n'était plus au château (circonstance que l'on eut soin de bien tenir cachée)? Agnès peut-être aurait souscrit à tout arrangement; mais Herman, qui avait d'autant plus de rectitude dans le jugement et de capacité pour les affaires, qu'il était dépourvu de cette instruction factice qui aujourd'hui passe avant le bon sens...... Herman, dis-je, prit sa résolution tout-à-coup, et dit à sa mère.

— Si l'ambassade fût arrivée hier, peut-être, vu la détresse où nous sommes et l'impossibilité d'être secourus, j'aurais souscrit le premier à toutes les exigences d'Étienne de Bar, quoique, au fond de l'âme, j'aie de la peine à croire que la destinée des comtes de Salm doive finir à cette époque. Vous savez que le saint ermite de *la Mer* vous a dit que notre race était destinée à contrebalancer pendant bien des siècles le pouvoir exorbitant du clergé dans ces contrées, et à refréner l'ambition des moines. La Providence, a-t-il dit, est indignée que ces hommes, dont le règne ne doit point être de ce monde, sortent du but de leur mission et de la sainteté de leur état, pour affecter partout la domination temporelle. Toujours la Providence suscitera des princes qui leur tiendront le pied sur la gorge. Sans cela, le Christianisme, ruiné dans son essence, finirait par s'écrouler comme un palais qui est miné par ses propres habitants. Vous ne disparaîtrez, a-t-il dit, que lorsque le pouvoir monacal disparaîtra lui-même. Toujours vous serez à ses côtés, dans les Vosges, pour le colaphiser dans ses moments d'orgueil et veiller à la liberté des peuples. Lorsque Dieu aura soufflé, dans sa colère, sur les monastères et sur les couvents, le clergé prendra une autre forme, et Dieu lui opposera une autre digue. Ainsi le Seigneur des cieux l'ordonne pour la conservation de la religion de son Christ.

Mais, ma mère, puisque les circonstances ne sont plus ce qu'elles étaient hier, notre détermination aussi ne doit plus être la même. Vous me l'avez dit cent fois : les circonstances sont un enseignement de Dieu. Toujours nos déterminations doivent suivre le fil des évènements, et s'accouder sur eux dans leurs différentes positions. Que notre détermination donc mette en ligne de compte le départ, pour ainsi dire miraculeux, de Henri ; et agissons en ce moment comme si nous étions assurés du succès de son voyage. —

Il fut donc résolu que l'on rejetterait les propositions de l'évêque de Metz.

Pendant cette délibération, où il ne s'agissait de rien moins que de vouer au néant dix-sept générations de princes, Berthe et Mathilde parcouraient les salles du château en se tenant par la main, et en s'enivrant du plaisir de causer, dont elles avaient été privées depuis longtemps. Tout homme éprouve de la joie à converser avec son semblable ; mais c'est une véritable nécessité pour les jeunes filles, qui, en débutant dans une vie dont elles respirent tout le parfum et dont elles ignorent les profondes misères, ont tant de choses à communiquer et tant de choses à apprendre. C'eût été un beau coup d'œil pour un amateur du sexe féminin, et un beau sujet de contemplation pour un philosophe, que ces deux innocentes créatures se livrant à de mutuels épanchements, et se laissant aller à une joie folâtre au milieu de circonstances aussi graves. Berthe, malgré son âge un peu plus mûr, était la première à manifester des sentiments de gaîté, sans doute pour ouvrir l'âme de son amie aux douceurs de l'espérance. Ses lèvres, un peu larges et un peu rebondies comme ses autres traits, semblaient distiller la persuasion et inspirer le bonheur. Son sourire était insinuant et son aménité parfaite. Mathilde, au contraire, qui se trouvait placée au milieu de perplexités dont elle ignorait le terme, ne se livrait aux plaisirs de l'amitié qu'avec une certaine réserve. La jeune Blâmontaise, naturellement vive, alerte, et dont les cheveux et le teint très-colorés donnaient une idée de la puissance de son imagination et de la véhémence de son caractère, était incapable de gravité, lors même qu'elle remuait dans son sein les projets les plus sérieux ou les affections les plus profondes : c'était une âme à couvrir les plus grands mystères sous le voile de la joie. Mathilde avait l'âme tout entière dans le sentiment, comme aurait pu le deviner un physionomiste tant soit peu habile, d'après ses cheveux blonds et la douceur de ses traits. Aussi avait-elle moins de légèreté dans l'âme, et moins de dispositions à des verbiages sans fin, que n'en ont la plupart des femmes. Elle portait un air de retenue jusque dans les entretiens les plus frivoles ; et son effusion la plus vive, aussi bien que son expression la plus douce, était dans le mol abandon de son sourire, ou dans les épanchements suaves de son coup d'œil.

Berthe entraîna Mathilde au sommet de la tour. Là, après s'être assurée que personne ne pouvait les entendre, elle commença à s'expliquer sur la bienveillance de ses intentions.

—Ma chère Mathilde, dit-elle avec une émotion visible, je t'aime comme ma sœur, et je suis au désespoir que mon père soit entré dans cette fatale guerre, qui désunit si mal-à-propos nos maisons. Mais je n'épargnerai rien pour vous secourir, si je le peux. Il me semble que vous ne pouvez continuer à soutenir le siége bien longtemps. Vous ne parvienderez jamais à le faire lever, car le cardinal est trop opiniâtre, et ses forces sont trop supérieures aux vôtres. D'un autre côté, privés, comme vous l'êtes, de toute communication avec le dehors, vous ne pourrez vous maintenir ici sans éprouver bientôt les angoisses de la faim. Cependant je ne vous conseille pas d'accepter les indignes propositions dont, pour avoir le plaisir de te voir, je me suis rendue l'organe. Ne vous fiez pas à Etienne : il est trop irrité contre vous ; ni à son frère : il est trop méchant. Si vous vous remettez entre leurs mains, vous êtes perdus ! Et puis, Herman n'est pas fait pour porter le capuchon et endosser la bure : c'est un seigneur de si bonne mine ! Il te ressemble, Mathilde ; et je l'aime presque autant que toi. Le seul parti donc que vous auriez à prendre serait de quitter votre demeure pendant la nuit, en emportant ce que vous avez de plus précieux. Étienne entrera dans votre château : soit ; mais vous n'aurez fait aucune concession, et lorsqu'il sera parti, peut-être trouverez-vous les moyens d'y revenir. Il est permis de compter sur une vicissitude pareille ; au lieu que si vous entrez dans des monastères, il n'est plus permis d'espérer que vous recouvrerez vos possessions.

— Mais, ma chère Berthe, vous savez que nous ne pouvons sortir d'ici sans un extrême danger. Nous avons un souterrain, mais il ne s'étend point au-delà de la ligne que nos ennemis occupent.

— Je me charge de vous faire sortir sains et saufs avec tous vos hommes. Que ne ferais-je point pour toi, Mathilde ? Que ne ferais-je point pour le seigneur Herman ? Parle-lui avant mon départ, et communique-lui mes intentions. Surtout assure-le que la fille du sire de Blâmont est incapable de le tromper.

— Oui, charmante Berthe, dit le comte de Salm en ouvrant la porte, près de laquelle il avait entendu une partie de la conversation....; oui, je suis sûr que Berthe de Blâmont ne me trompera pas. Je pourrai perdre tout, hormis la liberté,....... et l'espoir d'obtenir un jour votre main, si je puis devenir autre chose qu'un comte sans couronne et un seigneur sans héritage.

— Rassurez-vous, reprit Berthe en riant, votre couronne de comte n'est point encore perdue ; et quant à ma main, vous n'attendrez point longtemps pour l'obtenir, car la voici. —

En disant ces mots, la jeune Berthe mettait une de ses mains dans celles de Herman, qui la baisa comme un gage d'une union plus durable.

Une heure après, Berthe et Arnou retournaient à Damegalle. Il fut rendu compte à Étienne du refus que Herman avait fait de remettre le château de Pierre-percée et d'aliéner sa liberté.

CHAPITRE 5.

L'Assaut.

Le jour suivant, à trois heures du matin, vingt échelles se trouvaient apposées, sur différents points, contre le rocher de Langstein, et plus de huit mille hommes environnaient le château en poussant des cris féroces que répétaient au loin les vallées et les forêts d'alentour. C'eût été un spectacle digne de l'attention d'un amateur de combats que cette multitude d'hommes couvrant les deux côtés du monticule, depuis la racine jusqu'au sommet, et se formant en différents pelotons, sous l'ordre de leurs chefs. Au midi, tout devant la façade imposante du château, on voyait Étienne de Bar, armé d'une javeline et couvert d'un large bouclier armorié d'une mitre d'or. Il portait un casque dont le cimier se terminait en forme de croix, et dont la visière, baissée artistement sur sa figure, venait se confondre avec sa longue barbe épiscopale. Le comte Arnou se tenait à ses côtés, et transmettait ses ordres aux différentes bandes de Messains, de Vicois et de Marsallais, qui couvraient cette partie du mont. Renaud, comte de Bar, occupait, avec ses Barrisiens, tout le versant opposé, tandis que Wilfrid de Haguenau était posté, avec plusieurs centaines d'Allemands, sur la prolongation occidentale du monticule, près de l'entrée de la forteresse; et qu'Ulric, avec quatre cents Blâmontais, se tenait en observation sur la partie orientale. Tous ces hommes, comme s'ils eussent eu une seule intention et une seule idée dans l'âme, avaient la face tournée vers le rocher; et les plus rapprochés, ceux qui n'étaient point appelés au fatal honneur de poser les échelles et d'y monter les premiers, cherchaient à percer de leurs flèches tout assiégé qui était assez hardi pour oser étendre le bras ou montrer une partie de son corps à travers les meurtrières nombreuses dont les murs du château étaient garnis.

Sans doute uu général habile, secondé d'officiers intelligents et de vaillants soldats, n'eût point passé une année entière à faire le blocus du château de Pierre-percée, et il est probable qu'un seul assaut bien dirigé aurait suffi pour le réduire. Mais les comtes de Salm n'avaient point à faire à un César, ou à un Vendôme. Étienne de Bar, avec ses talents naturels et sa hauteur d'âme, n'était point un grand homme. Un grand homme était impossible à cette époque, parce que trop de préjugés captivaient les consciences et dominaient les esprits. Il était impossible surtout parmi les évêques, parce que le mélange de l'autorité spirituelle avec l'autorité temporelle énervait leur action en la rendant double. On ne peut guère frapper fort avec une main lorsque l'on bénit de l'autre. Deux principes hétérogènes ne produisent jamais d'effet surprenant lorsqu'on les mêle. Loin de là, le moyen de neutraliser une force est de la combiner avec une force d'une autre nature. On croyait alors, et bien des personnes croient encore peut-être aujourd'hui, que la Religion est d'autant plus ferme qu'elle est unie au pouvoir d'une manière plus étroite, et qu'elle a besoin de se tenir appuyée sur le bras du prince pour marcher avec quelque vigueur. C'est une erreur qui a fait plus de mal à la Religion, et a plus neutralisé la bénigne influence du Christianisme, que l'impiété jointe à toutes les hérésies, parce qu'elle a atteint l'âme et souillé les actes de ceux-là mêmes qui étaient les soutiens les plus naturels de la Foi.

Heureusement cette erreur, qui est la grande erreur du moyen-âge, et qui se retrouve dans toutes les institutions que cette époque de misère intellectuelle nous a léguées, est sur son déclin, et l'on trouverait difficilement peut-être un curé de campagne qui croirait utile de faire soutenir son ministère par l'autorité de l'adjoint. La religion tout entière est persuasion et amour. Or il n'y a rien qui étouffe la persuasion et l'amour, et les empêche de s'introduire dans les âmes, comme ce qui porte le caractère de la coaction ou de la contrainte.

Non-seulement Étienne de Bar, par sa position mixte d'évêque et de général, était incapable d'être un excellent évêque et un excellent homme de guerre : ses préjugés, ou, si l'on veut, les préjugés de l'époque, l'empêchaient également d'avoir un bon lieutenant, capable de guerroyer avec éclat. Tout alors se donnait à la naissance, et l'on était loin d'aller chercher dans un vassal ou dans un feudataire de second ordre des talents que l'on supposait toujours accompagner les hommes d'un haut lignage, comme si la nature, vassale elle-même, eût été obligée de se forfaire, ou d'accommoder ses lois aux institutions des hommes. Le cardinal évêque de Metz n'avait donc à ses côtés, comme nous l'avons vu, que le duc de Jéricho et de Hombourg, qui certainement était loin de posséder l'aplomb et le coup d'œil nécessaires pour figurer dans un état-major. La même ignorance des droits sacrés de la nature, droits autrement rigoureux et nécessaires à la réussite de tout projet que ceux qui dérivent des principes de la féodalité, faisait que les différents grades subalternes étaient accordés à la naissance et non au mérite. Le fils d'un riche tenancier, par exemple, était toujours préféré au fils de l'humble serf dont les bras faisaient partie de la glèbe : d'où il arrivait, comme il est arrivé dans bien d'autres circonstances, qu'une raison supérieure était subordonnée aux caprices et à la sotte raison d'un homme sans âme et sans idées. Ainsi, d'un côté, point de véritable habileté dans les chefs ; de l'autre, point de véritable valeur et de noble enthousiasme dans les soldats : de là aucun élément de succès. Le soldat n'est grand, le soldat n'est un héros que lorsqu'il lui est permis d'aspirer aux premiers grades ; et toutes les fois que l'homme a été condamné à passer sa vie sans espoir de distinction, il n'a été qu'un automate sans vigueur ou un instrument sans conseil. Sous ce rapport, les coutumes et les institutions du moyen-âge, dont il restera encore pendant longtemps quelque venin dans nos mœurs, étaient une violation continuelle des droits de l'homme et un abrutissement de l'espèce. L'âme alors était comptée pour rien : il fallait bien que l'action de l'âme fut nulle, et que ses facultés demeurassent sans exercice. A côté de cela, il y avait bien des principes de loyauté et des habitudes de droiture puisées dans le sein du Christianisme : mais tout ce qu'il y avait de bon se mouvait dans un cercle trop resserré pour enfanter de grandes choses. Le bon est toujours bon, lors même qu'il est petit ; mais il faut qu'il s'élargisse par le développement des facultés et par l'élan des idées pour opérer de glorieux résultats.

Les comtes de Salm dont nous écrivons l'histoire ne croyaient pas tout-à-fait que le vrai mérite est un don de la nature ; car, à l'époque dont nous parlons, il aurait fallu être bien philosophe pour deviner une vérité pareille, attendu qu'elle n'était formulée dans aucun livre ni dans les mœurs. Les mœurs, au contraire, la combattaient sur tous les points et la broyaient dans tous les sens. Cependant on les avait vus, de temps à autre, faire cas du talent, et pousser même le libéralisme jusqu'à professer que l'homme né dans la condition la plus servile était capable de grandes choses. On les avait vus, par exemple, élever à la dignité de bailli un simple maçon qui, de son propre génie, avait gravé avec assez de goût une figure d'homme sur une pierre ; et, en ce moment encore, le premier officier du château était le fils d'un métayer, qui, dans sa jeunesse, avait montré une violente passion pour les livres. Herman II l'avait placé à l'école des moines, et l'avait attaché ensuite à sa personne en qualité de chambellan. Les services qu'il avait rendus, dans différentes circonstances, sous le gouvernement d'Agnès, lui avaient valu la place honorable de prévôt de ses hommes d'armes, dont il s'acquittait avec honneur et distinction.

Mais ce qui caractérisait alors les comtes de Salm, et les mettait en dehors de leur époque, c'était leur opposition tacite, et quelquefois formelle, au principe de l'alliance des deux pouvoirs, et la répugnance qu'ils avaient à croire que le *moine*, c'est-à-dire l'homme de toutes les espèces d'abnégations, dût être *roi* dans la contrée qu'il habite. Ce principe d'opposition aux institutions d'alors avait germé dans le sein de l'empereur Herman dès le moment où, trahi et vilipendé par des évêques, il avait été obligé d'abandonner le trône d'Allemagne à son compétiteur Henri IV, homme pourtant d'une orthodoxie très-suspecte ; et la même idée s'était singulièrement développée dans l'esprit de son fils et de ses petits-fils depuis qu'ils habitaient Langstein. Là, leurs relations obligées avec les moines de Senones leur avaient appris tout ce qu'il y a d'astuce maladroite et de profonde nullité dans des hommes qui, ayant quitté le monde pour servir Dieu et ne le servant que d'une manière très-imparfaite, ne connaissent ni Dieu ni le monde. Là ils avaient compris que les moines actuels des Vosges n'avaient rien de commun que le nom avec les anciens moines de la Thébaïde, et que parfois ils n'avaient rien de chrétien dans les mœurs que l'habit et les cérémonies du culte (14). Du haut de ce rocher ils avaient jeté un regard sur les monastères d'Étival, de Moyenmoutier, de Saint-Dié et de Senones, et ils n'avaient pas vu que dans l'espace de trois siècles un seul saint personnage eût surgi à l'ombre de leurs autels (*a*).

(*a*) Dans les siècles suivants, rien de mieux ; de sorte que pendant onze cents ans ces quatre monastères tant vantés n'ont pas donné un seul Saint à l'Église, tandis que des milliers de moines ou de solitaires d'Égypte ont été canonisés. C'est que ceux-ci n'avaient ni fermes, ni serfs, ni vassaux, ni hommes-liges, ni francs-tenanciers, ni droits seigneuriaux, ni voués. Les moines des Vosges, et ceux de bien d'autres contrées d'Europe, n'étaient simplement que de riches propriétaires décorés du nom de *Religieux*,

Ils avaient vu, au contraire, que souvent l'ambition, la cupidité et un amour outré des préséances, y tenaient lieu de toutes les vertus. Aussi ne se faisaient-ils point faute de réprimer l'orgueil monacal toutes les fois qu'il devenait trop envahissant. Aussi se plaisaient-ils à rétrécir le pouvoir des abbés et à lutter contre l'humeur tracassière des moines; et de protecteurs qu'ils étaient, par droit d'investiture, de l'abbaye de Senones, ils étaient devenus, à ne considérer que l'écorce de leur mandat, les premiers violateurs de ses droits. Aussi disait-on dans le pays que le voué de Langstein était le diable de l'abbaye de Senones. Aussi le peuple, qui sait toujours quand on lui veut du bien, s'affectionnait-il de plus en plus au seigneur temporel, qui parait les coups, souvent trop rudes, que lui portait l'autorité ecclésiastique; et il commençait à avoir pour celle-ci une aversion bien prononcée.

et chantant matines. Ils étaient Religieux accidentellement, et possesseurs de grandes richesses par état. Les monastères étaient des espèces de bureaux d'échange d'où sortaient pêle-mêle les lumières de l'Évangile et quelques principes étroits de civilisation, en retour des corvées et des sueurs des manants. Dès qu'une charité désintéressée n'était pas l'âme de ces établissements, on ne peut dire qu'ils étaient régis selon le véritable esprit du Christianisme.

C'est pour châtier de pareils griefs (que les moines de Senones ne manquaient pas de représenter comme de grands attentats contre la Foi) que l'évêque de Metz, de qui relevaient les propriétés du monastère, avait entraîné une armée dans les Vosges. Quelques-uns de ses prédécesseurs avaient peut-être vu avec plaisir que les comtes de Salm cherchassent à humilier les enfants dégénérés de saint Gondelbert. On prétend même qu'Adalbéron III avait encouragé tacitement son petit-neveu à leur résister en face, et qu'il lui avait donné la charge héréditaire de voué plutôt dans le dessein de les molester qu'avec l'intention de les défendre ; et une telle opinion n'aurait rien de trop hasardé, car les moines de Senones avaient été en opposition bien des fois avec leur seigneur suzerain. Ces moines avaient vu avec une indignation profonde que Charlemagne se fût permis, en l'an 770, de disposer du temporel de leur abbaye, et de l'inféoder à l'évêché de Metz. Aussi se mutinèrent-ils, dans les commencements, contre la volonté de ce puissant monarque. Ce fut au point qu'ils refusèrent pendant longtemps de recevoir les reliques de saint Siméon, dont l'évêque Angelramne leur avait fait l'envoi pour les adoucir. Ils souffrirent que les reliques du Bienheureux fussent déposées, à leur porte, dans un lieu que l'on appelle encore aujourd'hui *Saint-Siméon* (15). Toutefois Étienne de Bar, craignant que les comtes de Salm n'acquissent trop de popularité dans le pays, et que l'épée ne prévalût à la longue sur l'étole, avait résolu de détrôner ces seigneurs, et de leur enlever tous leurs droits. Peut-être aussi avait-il des vues d'intérêt pour sa famille, car un grand dignitaire de l'Église manque rarement de neveux ou de nièces à placer.

Ainsi les comtes de Salm se trouvaient être, dans cette lutte, les soutiens d'un libéralisme sensé et en harmonie avec le catholicisme le plus pur; et le château de Pierre-percée fut, au sein du moyen-âge, le rempart d'idées larges, et de principes où la Religion se mariait noblement avec la philosophie.

Dès que Herman vit son château assailli avec la fureur et l'acharnement dont nous avons parlé, il s'empressa de réunir tous les combattants qui lui restaient, et il leur adressa ainsi la parole:

— Hommes de Langstein, voici le moment de montrer l'attachement que vous avez pour vos princes. Repoussez l'évêque de Metz, repoussez Renaud de Bar, ou vous êtes asservis à jamais sous l'empire des moines. Montrez-vous hommes de cœur ; et que quiconque osera porter une main sacrilége sur ces murs reçoive à l'instant la punition de son audace. Ces murs sont le rempart de votre liberté et la sauve-garde du pays. Les Allemands et les Messains ont brûlé vos maisons et ravagé vos campagnes ; et voici que le Ciel les offre à votre vengeance. Vengez-vous, et que la pointe de chacune de vos flèches aille percer le cœur d'un de ces barbares ! Amis, à nos postes ! ne perdons pas de temps. Ces gens ne peuvent rien sur nous, fussent-ils vingt fois plus nombreux. Que peuvent des bandes de loups féroces contre l'oiseau qui a placé son nid sur la cime des rochers ? —

En même temps, il assigne à chacun sa place. Dix-huit bons arbalétriers sont placés dans les trois grandes fenêtres de la tour, six à chaque fenêtre ; et là, retranchés dans l'épaisseur du mur, ils ne cessent de faire pleuvoir des traits sur les plus rapprochés des assaillants. Chaque flèche atteint son homme et le met hors de combat. Le premier qui tombe est l'audacieux Marcel, capitaine des hommes de Vic, qui avait apposé une échelle au pied de la tour. Au moment où il posait un pied sur le premier échelon, et où il exhortait ses hommes d'armes à le suivre, une flèche lui entre dans la bouche lorsqu'il parlait encore ; et il tombe à l'instant, lavant de son sang le pied du rocher.

Il se promettait un riche butin de la prise du château (car les comtes de Salm passaient pour posséder de grands trésors); et il fut le premier de cette journée dont l'âme alla rendre compte de ses méfaits.

Presque aussitôt, plus de trois cents hommes reçurent la mort, en moins de dix minutes, au pied de la façade. Là, quinze échelles avaient été dressées simultanément sur différents points. Les assiégés renversent, avec de longs crocs, toutes celles qu'ils peuvent atteindre, et elles brisent de leur choc ceux-là mêmes qui voulaient y monter. Ailleurs, ceux qui sont arrivés à la hauteur des meurtrières sont accueillis à coups de massues ou percés de javelines, et leurs corps, tombant sur ceux qui les suivent, roulent avec eux dans l'escarpement de la montagne. Mais la fureur des Messains ne se ralentit à pas ce premier échec. Ils voient à côté d'eux leur général qui les anime, et les couvre quelquefois de bénédictions. Sur tous les points les vivants succèdent aux morts et vont prendre leur place dans le combat, pour les suivre presque immédiatement dans les régions éternelles. A quinze pas du roc sont placés des hommes qui tirent sans relâche sur les assiégés, tandis que d'autres, hissés sur de longues échelles, tentent tous les moyens possibles de faire brèche, ou sont occupés à scier les barreaux. Quelques-uns même tiennent en main des torches alimentées de poix résine, et s'efforcent de les lancer sur la toiture élevée : efforts inutiles, car l'édifice entier est couvert de tuiles inaccessibles à la flamme.

Cependant les assiégés ne négligent aucun moyen de repousser l'attaque. Non-seulement les flèches partent dans tous les sens et des embrasures de toutes les fenêtres, au point qu'en peu de temps le terrain en est jonché, et que, sur dix hommes qui montent à l'assaut, il n'en est pas deux qui ne reçoivent une blessure : de tous côtés, de toutes les lucarnes, de toutes les tourelles, du faîte même de la toiture, des hommes d'armes lancent avec force des cailloux qui fracassent la tête de plus d'un assiégeant : plus d'un casque est brisé, plus d'un bouclier est mis hors de service, plus d'une côte est enfoncée sous le coup d'une pierre lancée par un bras vigoureux. Dans l'intérieur du château, les femmes et les enfants s'occupent à transporter ce genre de projectiles, et à le mettre sous la main des combattants. Dès que ces objets viennent à manquer, on démolit les murs intérieurs, on renverse les cheminées, les jambages et les chambranles, et l'on fait pleuvoir ces débris, avec de longs nuages de poussière, sur la tête des assiégeants : les longues tables de marbre mêmes ne sont pas épargnées (car la fureur n'épargne rien), et l'on se fait un jeu de les briser sur les bataillons messains. Un habitant de la vallée de Celles, renommé par sa force et remarquable par une taille presque gigantesque, aperçoit dans un grenier un tas de meules de différentes dimensions, provenant des mines que les prémontrés d'Étival exploitaient dans les environs de leur monastère. *Camarades, dit-il, à quoi bon saccager l'habitation de nos maîtres ? Voici de quoi nous amuser.* A ces mots, il choisit la plus grosse et la plus forte de ces meules. Il la roule ou il la traîne de toute la force de ses bras jusque l'ouverture d'un bastion, et là, après avoir attendu le moment où un grand nombre d'hommes se trouvaient sur la ligne que la pierre devait parcourir, il la lance avec effort. La pierre tombe sur vingt guerriers ; elle en broie sept ou huit et estropie les autres ; puis, suivant la pente du terrain, elle se fraie un large passage en brisant les hommes comme des brins d'herbe, et arrive, en roulant, jusqu'au vallon de *Froide-Fontaine*.

Pendant ce temps, Renaud s'emparait, sans beaucoup de résistance, de quelques bâtiments construits en dehors du roc, dans l'emplacement que l'on appelait alors, et que l'on appelle encore aujourd'hui, *le Derrière du Château*. Une partie de ces bâtiments était occupée en temps de paix par les principaux officiers de la seigneurie, et par la garde habituelle du comte. L'autre partie (c'était la plus rapprochée) formait une basse-cour assez bien peuplée de différentes espèces d'animaux. Tous ces bâtiments étaient alors presque déserts, car on n'ignorait pas qu'à la première attaque un peu vive ils pouvaient être emportés ; et le mobilier en avait été transporté dans l'édifie assis sur le roc, où se tenait en ce moment tout le personnel attaché au service des princes ou à la défense de la place. Une seule vieille femme n'avait pas voulu quitter sa loge adossée contre une espèce de tourelle, au milieu de l'enceinte. Cathon (c'était le nom de cette femme) était la surintendante de ce qu'on appellerait aujourd'hui *le poulailler*, et qu'on pourrait appeler, à raison de la dignité du lieu et du nombre des animaux emplumés qui l'occupaient, *le quartier de la volaille*. Cathon, de plus, n'avait qu'une seule idée, celle de la fidélité qu'elle devait à ses maîtres ; et, semblable à tous les individus de l'un et de l'autre sexe qui ne sont pas richement dotés en intelligence, elle avait fait plier toutes les autres considérations sous le poids de cette idée souveraine. Elle s'était imaginée, en conséquence, qu'il était de son devoir de se tenir ferme à son poste ; et, supposant que ses poules avaient le même courage ou le même devoir à remplir qu'elle, elle n'avait point voulu qu'on les délogeât à l'approche de l'ennemi. — Mes poules, disait-elle, ne sont point faites pour aller loger avec nos princes, et s'il survient une attaque, nous nous défendrons comme les autres. Croit-on que *Cathon de Brémenil* ait le bras trop court pour lancer une pierre, et que, à l'âge de soixante-douze ans, elle craigne de mourir pour les maîtres qu'elle sert depuis que l'on a posé la première pierre de la tour ? Nenni, nenni : nous avons un honneur à défendre, et nous le défendrons jusqu'au bout, aussi bien que celui de toutes les dames et demoiselles de céans. —

Cathon de Brémenil attendit donc, avec autant de courage et de grandeur d'âme qu'aurait pu en déployer son homonyme de l'ancienne Rome, que les troupes du comte de Bar pénétrassent jusqu'à son fort. Lorsqu'elle les vit faire irruption dans son domaine, elle monta sur l'espèce de tourelle qui touchait à sa demeure. Au haut de cette tourelle se trouvait un pont qui conduisait au château. C'est sur l'extrémité de ce

5.

pont qu'elle se posta comme un soldat intrépide ; et là, retranchée derrière des planches qu'elle avait amoncelées en forme de parapet, elle se mit à défier l'ennemi avec toute l'audace d'un grenadier français, et avec toute la loquacité naturelle à son sexe.— Approchez, criait-elle, approchez, ennemis des Chrétiens, ennemis des hommes et des bêtes. Croyez-vous que l'on vous craigne parce que vous êtes conduits par un évêque, et un neveu du pape ? L'excommunié ! A-t-il appris seulement le cinquième article de son *Pater* ? Dites-lui que je le défie et que je lui jette mon gant (elle jette en même temps dans la cour une espèce de mouchoir noir qui lui ceignait la tête). S'il ne ramasse ce gage, je le déclare à jamais flétri ; oui, oui, flétri, quand même il emporterait ce château; et s'il y entre l'épée à la main, dites-lui que jamais il ne verra le Paradis. —

Elle finissait sa harangue lorsque plusieurs hommes d'armes, se riant de ses menaces ou ne les comprenant point, entraient dans la tourelle pour en monter l'escalier, et de là pénétrer dans la forteresse par le moyen du pont. Elle écrase d'un énorme caillou le premier qui se montre ; elle écrase de même le second et blesse grièvement le troisième. Un quatrième arrive qui venge ses malheureux camarades en enfonçant une longue pique dans le sein de Cathon. Elle tombe sans vie. En même temps les cordes qui soutenaient l'autre extrémité du pont sont coupées par les assiégés. Le pont tombe avec fracas, et le corps de la vertueuse Cathon roule dans la cour au milieu de ses débris.

Renaud de Bar et son frère, voyant qu'ils perdaient beaucoup de monde sur tous les points, et qu'il était impossible de faire brèche sur les flancs de l'édifice, résolurent de se joindre à Wilfrid de Haguenau, et de faire un dernier effort pour en rompre la porte. Leurs hommes d'armes d'ailleurs commençaient à se plaindre de ce qu'on les exposait inutilement, et déjà plusieurs avaient crié : *Nous ne sommes pas de roc, pour combattre contre les rocs.* Une vaste machine en charpente fut donc charriée sur la plate-forme, au pied de la tour, et mise au niveau de la porte. Cette machine, que l'on recouvrit de planches de sapin, formait une vaste table sur laquelle pouvaient combattre vingt ou trente hommes. Là on s'apprête, à grands coups de haches, à rompre la porte de chêne, renforcée par des bandes de fer et par d'énormes clous d'acier. Mais à peine a-t-on touché à cette porte fatale, que des chaudières d'huile de sapin toute bouillante sont versées sur la tête des assaillants. Le liquide écumant ruisselle le long des murs, et fait pousser des cris aigus à tous ceux qu'il atteint. La main qui tenait la hache est rotie, et celui qui la portait s'élance de douleur, et se brise en se laissant tomber sur le sol. De nouvelles attaques recommencent, et toujours le liquide embrasé est versé, par torrents, des fenêtres supérieures. Les guerriers démolisseurs s'arrêtent, ébahis, et aucun d'eux n'ose plus s'approcher du seuil fatal. Herman profite de ce moment de terreur et d'hésitation, et fait ouvrir subitement la porte. En même temps six énormes dogues s'élancent sur ceux des assiégeants qui ne sont pas assez alertes pour sauter à terre, et les dévorent impitoyablement. C'est en vain qu'Étienne fait publier qu'une récompense de deux sous d'or est promise à chacun des combattants qui osera de nouveau se présenter sur la machine. Personne ne se hasarde. L'entreprise est abandonnée. Tous les chefs rallient leurs hommes et les éloignent du rocher. Un armistice est annoncé à son de trompes pour l'inhumation des morts ; et le cardinal Étienne, après avoir donné ses ordres pour la continuation du blocus, retourne au château de Damegalle avec son frère.

CHAPITRE 6.

Retour à Damegalle.

Le chemin qui conduit du château de Pierre-percée à Damegalle n'est pas aussi âpre et aussi difficile qu'on pourrait se le figurer dans un pays de montagnes ; il est doux, au contraire, et presque toujours uni, se maintenant sur la croupe d'un longue éminence boisée, dont la pente septentrionale va se perdre insensiblement dans la plaine, tandis que le versant opposé domine la vallée profonde de Chararupt, au-delà de laquelle se dessine une masse imposante de montagnes de la chaîne du Donon. Ce site, moitié meurthois moitié vosgien, aurait captivé l'attention d'Étienne de Bar s'il eût eu des yeux pour la belle nature, et si, en vrai pontife du Très-haut, il se fût fait une occupation sérieuse de contempler Dieu dans ses œuvres. Il est fort douteux que, dans ses longues courses, ce prélat eût rencontré un lieu plus favorable à la méditation et plus propre à inspirer de hautes pensées. La nature, dans les montagnes de Pierre-percée et dans le val de Celles, a un caractère particulier de majesté tendre et de gravité silencieuse qu'il serait difficile de retrouver dans toute autre partie des Vosges. Là, en prenant un air de grandeur, elle n'a point perdu tout-à-fait cette physionomie galante et ce teint de fraîcheur qui la caractérisent le plus souvent dans la plaine. Les hêtres touffus et les bois blancs de différentes espèces dont, de temps à autre, elle aime à marier le vert éclatant et l'attitude modeste à la couleur foncée et à la stature imposante des sapins, la font ressembler à un génie dont les pensées profondes sont environnées de clarté, ou à une femme aimable qui est humble au milieu de ses grandeurs. Là toutes les montagnes se tiennent par la main, comme des sœurs, et n'offrent point cet aspect saccadé et ces transitions étranges qui en font comme des masses qui se heurtent, ou des pics orgueilleux qui cherchent à remporter le prix de la hauteur. Là les vallées sont riantes, quoique étroites, et la fraîcheur de leurs gazons forme un admirable contraste avec la mâle austérité des versants qui les avoisinent. Là, en général, aucune partie du sol n'est stérile, et les rocs mêmes les plus ardus se font gloire de porter sur leurs têtes de longs et vigoureux sapins. Là le *brimbellier* (a), qui est l'enfant de ces bois, accourt pour tapisser les flancs trop nus des montagnes, que la majesté élancée du sapin ne couvre point d'assez près. Là l'eau qui sort des rochers ne descend point des montagnes par torrents impétueux ou en bruyantes cascades, mais elle s'écoule paisiblement dans le sein des vallées, en mettant dans son cours autant d'harmonie que de grâce. Là les chemins ne sont points bordés d'horribles précipices, mais ils offrent au voyageur des éclats de roches ou des talus à hauteur d'appui, qui semblent l'inviter à se reposer. Là, en un mot, la nature est majestueuse, mais elle n'est point sauvage; elle est sublime, mais elle n'est point triste; elle n'abîme point l'âme sous le poids de ses grandeurs, mais elle la pénètre de fortes pensées; elle ne froisse point le génie, mais elle l'invite paisiblement à descendre sur elle; elle dit Dieu sur un ton sonore, elle ne l'enseigne point avec un bruissement de voix ou un élancement de formes qui empêchent de le comprendre.

Tous ces traits de beauté locale n'apparaissaient

(a) *L'airelle*, ou *airtelle*, des naturalistes.

point à Étienne de Bar, pas plus qu'ils n'apparaissent à l'enfant qui va dans la forêt pour y prendre un nid, ou au paysan qui est à la recherche de son numéro d'affouage. Ils étaient là cependant, alors comme aujourd'hui. L'homme qui n'a que de la religion ne voit rien dans la nature, et par conséquent il ne voit Dieu qu'à demi ; d'où il arrive qu'il heurte souvent Dieu et la Religion sans y penser. Mais celui qui n'a d'autre guide que l'ambition et un désir insatiable d'amasser des richesses, ne voit ni Dieu ni religion ni nature ; d'où il arrive que, tôt ou tard, il va se briser, comme un verre, contre ces grands objets.

Étienne de Bar, après avoir marché pendant plus de dix minutes en silence, adressa enfin la parole à son frère.

— Je m'ennuie prodigieusement dans ce pays sauvage, lui dit-il ; et je présume que nous aurons lieu de nous y ennuyer longtemps. Qui m'aurait dit que ces petits comtes feraient une résistance aussi opiniâtre, et surtout aussi longue ? S'il n'y allait de notre honneur, nous romprions à l'instant ce siége désastreux, et j'abandonnerais les moines de Senones à leur sort. Ils ne valent pas les hommes que nous immolons à leur cause. Faut-il que dix-huit cents hommes, à peu près, que nous avons perdu depuis un an autour de ce rocher, aient payé de leur vie quelques droits seigneuriaux que ces Religieux auront de plus? Quoi qu'on en dise, ma conscience me reproche tout le sang répandu, et j'ai de la peine à croire qu'au tribunal de Dieu ma qualité de prince du Saint-Empire en effacera les taches. Qu'en dites-vous, Renaud? En bonne foi, le jeu vaut-il la chandelle? Dieu ne nous punira-t-il point d'avoir consumé tant de vies d'hommes pour réparer un léger outrage? et son intention est-elle bien que l'on sacrifie pour sa gloire les hommes qu'il a créés?

— Je n'en sais rien : vous savez que je ne suis pas homme à disputer sur ces hautes matières, et que je me pique bien plus de bravoure que de science. Au surplus, nous serons lavés de toute offense en bâtissant quelque monastère: ou bien la croix que l'abbé Bernard nous invite à prendre couvrira toutes ces taches. Que croyez-vous lui répondre?

— Ceci est encore une autre difficulté. Je me suis engagé à lui donner une réponse cette semaine. Voici que la semaine touche à sa fin, et je ne vois pas mieux qu'auparavant quand nous sortirons d'ici. Renaud, je suis dans des perplexités indicibles, et je commence à comprendre ce que dit l'Évangile : *Que ceux qui sont les plus éloignés des affaires de ce monde sont les plus près du ciel.* Pourtant je suis évêque, et, comme évêque, je dois faire respecter la Religion.

— ..... et les hommes qui ont pris le mot *Religion* pour devise, voulez-vous dire ; et les hommes qui disent la messe et chantent matines, quand même ils auraient tous les torts ! Cela pourrait bien être le devoir d'un évêque, comme vous le dites ; car c'est à peu près ce que tous les évêques font. J'en connais qui aimeraient mieux sacrifier tous les principes de justice et toutes les lois de la charité, que de donner droit à un laïc contre un homme d'église. Mais ces matières ne sont pas de ma compétence. Je me bats pour votre avantage et pour celui de ma famille : je ne vois rien de mieux. A ce propos, je me permettrai de vous faire souvenir que je compte toujours sur la vouerie de Senones pour le second de mes fils : c'est une clause sous-entendue dans notre traité ; et vous pouvez croire que je n'aurais point quitté mes états et mis mes vassaux sous les armes sans cette espérance. Vous serez oncle généreux, comme je suis frère dévoué et serviteur de votre cause.

— Mon frère, nous disposerons de la vouerie de Senones quand nous l'aurons. Mais n'allez pas répéter ceci, de peur que les malveillants ne disent que j'apporte la guerre ici dans les intérêts de votre famille. Un évêque peut bien combattre; mais, comme je vous l'ai dit, il faut que ce soit pour la gloire de Dieu et l'utilité de l'Église.

— Eh bien! prenez qu'il est utile à l'Église que mon fils Hugues devienne voué du monastère de Senones, et vous serez dans le bon chemin. D'ailleurs nous réduirons les comtes de Salm, n'en doutons pas : il ne nous faut pour cela que de la persévérance et du bon vouloir. Ces gens n'ont ni démons ni anges à leurs ordres pour leur apporter des vivres; et de la manière dont ils sont cernés, il est impossible qu'aucun homme vivant pénètre dans leur fort. Berthe avait raison. *Laissez les habitants de Pierre-percée se consumer dans leur repos,* nous disait-elle hier : *les traits que vous leur lancez sont perdus.* Et vous savez que les conseils des femmes ne sont point à dédaigner. Ou plutôt vous ignorez cet axiome de la sagesse mondaine ; car vous autres, saints hommes, vous faites profession de méconnaître l'utilité du sexe féminin. Mais j'en pense autrement. Si j'avais toujours écouté les avis de ma chère Giselle, j'aurais fait beaucoup moins de sottises en ma vie que je n'ai eu le plaisir ou le malheur d'en faire.

— Je sais, comme vous, que, par une espèce d'instinct qui leur est naturel, les femmes ont beaucoup d'idées que les hommes n'ont pas. Les animaux aussi ont un instinct qui jamais ne les trompe. Mais pour vous faire comprendre que je ne suis point trop ennemi de la sagesse féminine, il faut que je vous communique une idée qui me préoccupe depuis deux jours. Le chanoine Gautier, en me rendant compte des affaires spirituelles de mon diocèse, m'a rapporté qu'il se trouve en ce moment à Marsal une fille d'une éminente vertu. Cette fille, si l'on en croit les apparences et les bruits populaires, est toujours en extase et ne prend aucune nourriture. Elle a un commerce fréquent avec les anges. Il n'est bruit sur les rives de la Seille, a dit le chanoine Gautier, que des dons miraculeux que la jeune Marsallaise a reçus d'en haut, et déjà plusieurs hommes éclairés la regardent comme Sainte. C'est elle que je veux consulter. Je veux du moins m'assurer par moi-même si ces bruits sont fondés ; et si je trouve que cette jeune personne a autant de droits à la confiance qu'on le proclame, je l'interrogerai sur le succès de notre entreprise. Sa réponse décidera de celle que je dois faire à l'abbé de Clairvaux. Son envoyé m'accompagnera, et il me sera facile de le faire partir de là pour Metz.

— A la bonne heure, mon frère, reprit Renaud. Allez, si vous voulez, consulter cette nouvelle sainte. Mais moi je crois peu aux miracles, surtout lorsqu'ils sont opérés par des jouvencelles. Le diable est trop d'accord avec elles pour la perte des hommes, pour qu'il soit permis de croire qu'elles puissent être des instruments de salut. Au reste, je vous dirai à peu près ce que disait Hérode aux Mages, mais avec une meilleure intention : Si vous trouvez cette fille qui est en correspondance avec le Ciel et qui vit sans prendre aucune nourriture, revenez me le dire, afin que j'aille, à mon tour, admirer cette merveille. —

Le jour suivant, qui était l'avant-veille de la Pentecôte, Étienne de Bar, le chanoine Gautier et le moine de Clairvaux, quittèrent Damegalle avec une troupe de cinquante hommes. Ils se dirigèrent vers Marsal, en passant par les terres de Blâmont.

CHAPITRE 7.

L'Abbaye de Saint-Sauveur.

Revenons à Henri, que nous avons laissé attendant le lever du soleil au pied des murs de l'abbaye de Saint-Sauveur ; car la règle voulait que l'on n'ouvrît point la porte avant cette heure, et les moines auraient laissé périr le monde entier plutôt que d'y contrevenir.

Le monastère de *Saint-Sauveur-en-Vosges*, comme on l'appelait pour le distinguer du monastère de Saint-Sauveur de Toul, avait été fondé, l'an 1010, par Bertholde, évêque de Toul, qui y plaça d'abord des Religieux de l'ordre de saint Benoit. Ou plutôt, comme d'autres historiens le racontent, Bertholde ne fit que transférer au lieu qu'il appela *Saint-Sauveur* l'ancienne abbaye du val Bonmoutier (*Bodonis monasterium*); sans doute parce que ce nouvel emplacement était plus favorable au recueillement et à la méditation, étant plus désert. Quoi qu'il en soit, les Religieux qui furent placés d'abord dans cette retraite vécurent assez mal pour qu'on se trouvât obligé de les chasser du pays (16). Ils furent remplacés par des chanoines de l'ordre de saint Augustin, qui furent plus réguliers, ou du moins plus circonspects. L'abbé Hugues, qui, au moment de la visite de notre héros, tenait les rênes de ce gouvernement spirituel, était un vieillard de bonne allure, tant soit peu disert, quoique profond théologien, et moins pointilleux que la plupart de ses confrères dans la défense de ses droits ; ce qui faisait qu'il vivait en bonne intelligence avec tous les seigneurs du pays.

Henri avait plus d'un motif en faisant d'abord une descente dans ce séjour de calme et de quiétude. D'abord il espérait que l'abbé Hugues, qui était très-bien vu à la cour de Simon II, voué de Saint-Sauveur, lui serait de quelque utilité pour l'exécution de son plan. Ensuite il avait besoin de plusieurs objets sans lesquels un homme de haut rang ne peut raisonnablement se mettre en voyage. Il lui fallait surtout, pour se présenter à la cour de Lorraine, des vêtements moins usés, et plus assortis à sa taille, noble et élancée, que ceux qu'il avait empruntés à Guillaume Valtrin. Or à cette époque il y avait de tout dans les monastères, même des épées et de brillantes armures pour de gentils chevaliers.

Après que Henri eût, entre quatre murs, exposé à Hugues la détresse de sa famille, et la résolution énergique qu'il avait prise pour la sauver, celui-ci secoua la tête d'un air peu consolant, puis il soupira trois fois. Après ce prélude, il se prit à dire d'une voix grave, et sur le ton d'un prédicateur qui commence un exorde.

— Sans doute, mon fils, le duc Simon II aurait pu vous venir en aide s'il était encore assis sur le trône de ses pères. Sa noble parole m'en est un sûr garant. D'ailleurs il est de l'intérêt de nos ducs que l'évêque de Metz ne devienne point trop puissant dans ces contrées ; sans quoi notre sainte maison courrait risque elle-même d'être englobée dans ses terres, et de devenir un fief mouvant de l'évêché de Metz ; et Dieu sait que j'aurais bien des choses à dire sur cet article. Mais ce que vous ne savez pas, puisque depuis un an vous êtes séparés du monde entier, c'est que le pieux duc a renoncé à toutes les grandeurs de la terre, et s'est fait moine dans l'abbaye de Stulzbronn (17), après avoir résigné sa couronne entre les mains de son frère, Ferri de Bitche, contre lequel, malheureusement, vous dites que vous avez porté les armes ; et je doute que Ferri, quelque généreux qu'on le proclame, puisse se montrer d'abord favorable à votre cause. Ainsi je crains qu'en vous présentant à sa cour vous ne fassiez une démarche inutile.

— Nous n'avons donc d'autre parti à prendre que de plier les genoux devant l'ennemi qui nous opprime, reprit piteusement Henri.

— Attendez. Ne précipitons pas les conclusions. Dans les cas désespérés, il n'y a, comme on dit, que les partis désespérés qui réussissent. Nous touchons à la solennité de la Pentecôte. Ferri de Bitche, ou, si vous aimez mieux, Ferri I, duc de Lorraine et voué de notre sainte maison, vient à Saint-Dié pour y solenniser cette grande fête. Restez ici deux jours seulement ; après quoi je vous ferai donner un cheval, un écuyer et un guide. Alors vous vous rendrez à Saint-Dié, pour y implorer la protection du noble duc. Qui sait si Ferri ne sera point accompagné d'une escorte suffisante pour vous porter secours avant de retourner à Nancy ? car, vous le savez, les princes, dans ces moments de troubles, ne sortent point de chez eux sans pouvoir répondre à quiconque serait tenté d'interrompre leur marche.

— Votre idée me semble la seule à laquelle il soit possible de s'arrêter....... Ferri vient sans doute à Saint-Dié pour prendre possession des domaines que les ducs de Lorraine possèdent dans le val de Galilée ?

— Pas précisément pour cela, si ce que l'on rapporte est vrai. Vous ignorez sans doute le meurtre qui vient d'être commis dans les montagnes sur la personne de notre digne évêque de Toul.

— C'est un évènement dont je n'ai pas la moindre idée : veuillez me le raconter dans tous ses détails. Qui aurait donc pu commettre cet horrible attentat ? des brigands, sans doute, de ceux-là peut-être qui depuis quarante ans infestent nos domaines.

— Non. C'est une histoire lugubre, et pénible à raconter, une histoire que les siècles futurs ne voudront pas croire, si toutefois il se trouve un écrivain qui ait le courage de la publier. Folmard, notre écolâtre, m'avait demandé la permission de la consigner dans nos annales ; mais je n'ai pas voulu, premièrement à raison du scandale, secondement à cause de la haute naissance du principal agent. Par respect pour nos ducs, chacun désire qu'un pareil évènement soit oublié. Voici ce qui est arrivé. Soyez attentif.

Vous n'ignorez pas que Mathieu ou *Maherus*, frère du duc Simon et évêque de Toul, a été déposé par notre saint-père le Pape, non-seulement parce qu'il dissipait les biens de son église, mais encore parce que ses mœurs étaient loin d'être à l'abri du reproche. On était loin de prévoir, dans les commencements, une chute aussi déplorable, car Mathieu, lorsqu'il n'était encore que grand-prévôt du monastère de Saint-Dié, avait donné des preuves de justice et de piété, je pourrais même dire de grandeur d'âme. Le souverain pontife, en prononçant son interdit, crut devoir, par condescendance, lui laisser la possession de la prévôté dont il avait joui avant son épiscopat. Ce fut donc à Saint-Dié que Mathieu se retira lorsqu'il se vit forcé de quitter son siége. Arrivé dans cette ville, il s'empara des débris d'une partie de l'ancien monastère, ruiné par un incendie, et il se fit bâtir un somptueux palais sur une petite éminence entre les deux églises (*a*), ce qui excita déjà les murmures des gens de bien. Après s'être créé ainsi, avec les pierres d'un saint édifice, une habitation toute mondaine, il fit venir avec lui une jeune fille d'une beauté remarquable, nommée Alix, qu'il avait eue, dit-on, d'une Religieuse d'Épinal. Il vivait avec cette jeune personne dans la plus grande intimité, et voulait même qu'elle fît les

(*a*) Dans le lieu où sont situés maintenant les jardins de l'évêché.

honneurs de sa maison. Vous avez appris peut-être ce qui est arrivé à ce sujet. Un jour le duc Simon arrive à l'improviste chez son frère, et lui demande, d'un ton impérieux, où est la jeune fille avec laquelle il est lié d'une amitié si étroite.

— La voici, répond Mathieu ; et quand ce que la calomnie se plaît à publier pour me noircir serait vrai, qu'auriez-vous à y voir ?

— Mais cette malheureuse, reprend Simon, est votre propre fille, puisqu'elle a reçu le jour de la Religieuse avec laquelle vous avez vécu d'une manière scandaleuse lorsque vous étiez à Toul. Et, pour comble de déshonneur, on dit qu'Alix est enceinte ! Ne craignez-vous donc point de jeter un opprobre éternel sur notre famille, et de vous déshonorer vous-même par un inceste aussi horrible ? —

Mathieu reste confondu, et ne répond pas un mot.

Sans de plus longues explications, le duc ordonna à ses archers de se saisir de la jeune personne, et de la conduire, garottée comme une sorcière, au château de *Bilistein*, en Alsace, pour y être gardée sous verroux. Simon fit démolir ensuite le château de son frère, et ne voulut pas qu'il en restât pierre sur pierre ; et le grand-prévôt fut chassé honteusement de la ville.

Mathieu, désespéré de se voir traiter avec tant de rigueur, et ne sachant où cacher sa honte, se retira sur la montagne de Clairmont, au midi et à une demi-lieue de Saint-Dié. Là se trouvaient un ermitage et une chapelle dédiée à sainte Madeleine, où toutes les femmes dont la chasteté avait reçu quelque atteinte allaient implorer Dieu pour la rémission de leurs fautes. Mathieu s'empara de l'ermitage et de la chapelle, et mit l'ermite à la porte. Là il fut bientôt rejoint par une vingtaine d'hommes semblables à lui, qui le prirent pour leur chef. L'ermitage est bientôt changé en une espèce de château fort à l'ombre duquel se commettent les mêmes crimes que l'on venait expier en cet endroit, et l'autel du repentir devient en quelque sorte un canapé où l'on immole à Vénus. Les membres de cette abominable cohorte, réduits à vivre de pillage, attaquent les voyageurs, enlèvent les femmes, et mettent à contribution les villages voisins. Tout tremble dans le pays au seul nom de Mathieu ou *Maherus,* et les passants regardent la citadelle de l'ex-évêque avec autant d'effroi que si Satan lui-même l'eût habitée avec une troupe de démons acharnés contre les hommes.

Mais ce n'est pas là tout. Mathieu de Lorraine avait été remplacé sur le siége de Toul par Renaud de Senlis, fils de Guy de Senlis, grand-échanson de France. Ce digne évêque avait résolu de faire, au commencement de ce printemps, la visite de son diocèse. Il nous fit l'honneur de venir passer chez nous les derniers jours de la semaine-sainte ; et le jour de Pâques il célébra solennellement la messe sur notre grand-autel. J'ai vu beaucoup de prêtres, mon cher Henri, mais je n'en ai jamais vu aucun officier avec les démonstrations d'une piété aussi solennelle. Mathieu célébrait les saints mystères avec une sorte de dignité étudiée, et l'on voyait percer son hypocrisie à travers les gestes raides avec lesquels il accomplissait les cérémonies du culte. A l'autel ou dans les processions, il se mouchait souvent, pour cacher l'expression sinistre et l'air embarrassé de sa physionomie. Sa voix, où se mêlait un accent aigre, trahissait malgré lui l'indocilité de son âme ; et quoiqu'il fût un bel homme, il ressemblait à un diable déguisé lorsqu'il était en chappe. Mais Renaud de Senlis, malgré la petitesse de sa taille, paraissait un ange couvert des ornements sacerdotaux pour se rendre visible aux mortels : tant les dispositions de l'âme pénètrent à travers les mouvements du corps.

Le jour de Pâques donc, après avoir dîné très-sobrement dans notre réfectoire, ce pieux évêque se mit en route pour l'abbaye de Senones, accompagné des prêtres et des clercs dont il avait l'habitude de se faire suivre; car, en véritable apôtre, Renaud ne voulait jamais d'autre escorte. Pendant qu'il soupait avec l'abbé de Senones, deux voyageurs, l'un prêtre et l'autre laïc, se présentèrent à la porte du monastère, demandant à y passer la nuit. On les reçut sans difficulté. On les mit à table avec les gens de l'évêque, desquels ils apprirent l'itinéraire du prélat. Ces hommes étaient des émissaires de Mathieu, car dans sa bande il y avait plusieurs hommes d'église qui l'avaient suivi par amour du désordre. Aussi, ces voyageurs ne reparurent plus le lendemain, et on apprit qu'ils avaient quitté le monastère avant le jour. Renaud, sans défiance, se remit en route après avoir dit la messe. Il s'arrêta une heure ou deux à Moyenmoutier, à peu près autant à Étival, d'où il se dirigea vers Autrey. Il était cinq heures du soir lorsqu'il arriva à la Bourgonce, petit village au-delà duquel se trouvait une longue forêt à traverser. Bientôt l'évêque et sa suite se trouvèrent engagés dans un défilé très-étroit, où le chemin, situé dans une ravine marécageuse, ne permettait pas même à deux cavaliers de voyager de front. A gauche était une montagne à pic, couverte de sapinières épaisses; à droite se trouvaient des fondrières impraticables : de plus, des arbres nouvellement abattus jonchaient souvent le terrain, de sorte qu'il était impossible de se détourner de deux pas et d'éviter une attaque.

Tout à coup des gens armés se débusquent et se précipitent sur les voyageurs. Étienne, abbé de Saint-Mansuy de Toul, est arrêté le premier, et tombe percé de coups. Un autre est frappé de même, et demeure gisant sur la place. Alors on arrive à l'évêque, qui était un des derniers. Un jeune homme nommé *Jean*, qui avait été valet d'Alix, lui donne trois coups de couteau dans la poitrine et deux dans le dos. Non content de cela, il le dépouille depuis les pieds jusqu'à la tête, et le traîne, moulu de coups, dans le marais voisin. Les autres compagnons de Renaud furent également massacrés et dépouillés : il n'y eut pas jusqu'aux ornements pontificaux et jusqu'au vase qui renfermait le saint-chrême, qui ne devinssent la proie de ces brigands. Quand tout fut fini, ils allèrent trouver Mathieu, qui se tenait à quelque distance de là, couvert de ses armes et portant une baliste en main, et ils lui rendirent compte de leur expédition.

Le ci-devant évêque ne fut point content qu'il ne vît le cadavre de son successeur, de cet homme qu'il supposait être l'auteur de ses disgrâces, et le principal instigateur de l'enlèvement d'Alix. Il eut la barbarie de palper son corps déchiré, et d'épier si un souffle de vie ne s'échappait point de cette poitrine cinq fois percée. Il ne se retira que lorsqu'il eût acquis la certitude que le crime était consommé. Depuis ce moment, il erre de montagne en montagne, redoutant même les compagnons de ses crimes, et n'osant plus se confier à sa forteresse de Clairmont. Quelques personnes ont fait courir le bruit de son repentir ; mais ce fait est aussi improbale en lui-même qu'il serait inutile devant les hommes.

Le corps de Renaud a été transporté à Toul, où on lui a fait des funérailles dignes d'un Saint.

Cependant des bruits étranges ont été répandus par les ennemis de la maison de Lorraine, et il ne serait point impossible qu'Étienne de Bar les eût accueillis ou eût contribué à les disséminer. Il est de fait que la famille de nos ducs s'est longtemps opposée à l'élection d'un nouvel évêque de Toul, et qu'elle a vu de mauvais œil l'intronisation de Renaud. Les parents de Mathieu espéraient toujours que, tôt ou tard, le grand-prévôt reviendrait à des sentiments plus honnêtes, et qu'alors le pape lui permettrait de retourner à son évêché. Le siége, en effet, a été vacant pendant trois années ; et ce n'est que lorsqu'il a été prouvé au souverain pontife que Mathieu, loin de s'amender, tendait de plus en plus vers des mœurs plus corrompues, que Rénaud de Senlis a reçu l'institution canonique. Quelques-uns donc ont cru que nos princes étaient complices de cet abominable meurtre, et c'est pour détruire l'effet de cette malicieuse calomnie que Ferri s'est décidé à passer dans les Vosges, résolu de poursuivre impitoyablement les meurtriers du saint évêque, sans épargner son propre frère, dont la tête a été mise à prix.

Voilà, noble comte, le motif du voyage actuel du duc de Lorraine à Saint-Dié.

Vous voyez, mon fils (continua l'abbé Hugues), à quel excès de crimes et de honte on arrive quand on a franchi les barrières de la pudeur, et surtout quand on a blessé les bonnes mœurs d'une manière aussi grave. On a commencé par les ris et les jeux, et l'on finit ordinairement par l'assassinat. C'est ce que j'ai pu remarquer plusieurs fois dans le cours de ma longue vie. Maintenant cet homme, issu du plus noble sang de l'Europe, et qui s'est vu assis sur un des plus beaux siéges de l'Eglise, erre de montagne en montagne, traqué comme une bête fauve, et ne trouve point de caverne assez profonde pour se mettre à l'abri du glaive qui le menace.

On dit qu'Alix, mariée depuis peu à un simple archer de Gerbéviller, a péri misérablement au château de Gonoberg, en Allemagne, où elle avait été contrainte de suivre son époux, et n'a pas même obtenu la sépulture chrétienne. Que deviendra Mathieu? Dieu seul le sait. Puisse-t-il rentrer en lui-même avant le jour fatal où il aura à lui rendre compte de tous ses méfaits (18)!

CHAPITRE 8.

Henri de Salm à Saint-Dié.

La veille de la Pentecôte, sur le soir, le comte de Pierre-percée arriva à Saint-Dié, après avoir fait les détours nécessaires pour ne point tomber entre les mains des gens d'Étienne de Bar. Mais un désappointement pénible attendait Henri dans cette ville, reine des monts et des vallées. Au lieu du duc de Lorraine, qu'il s'était promis d'y rencontrer, il ne trouva que Ferri, son fils, qui, quelques années plus tard, lui succéda sous le nom de Ferri II. Ce prince était arrivé depuis plusieurs jours avec trois cents hommes. Son premier soin avait été de se porter à la montagne de Clairmont, où il avait fait démolir la forteresse du grand-prévôt. L'effroi qu'inspirait ce prêtre homicide dans la contrée était tel, qu'aucun des habitants du val ne voulut prendre part à cette œuvre de justice, et qu'il fallut que les soldats de Ferri eux-mêmes prissent la peine de renverser l'édifice et d'en disperser les pierres. Du reste, on ne trouva aucune résistance, car Mathieu s'était retiré, avec ses complices, dans des lieux plus déserts. Cet homme semblait avoir perdu toute son énergie et tout son amour du crime depuis qu'il avait fait couler le sang d'un saint prélat ; et, loin d'opposer la force à la force et de défendre son asile, il n'avait plus même le courage de paraître de loin et d'affronter un regard d'homme.

Le jeune Ferri, encore tout fatigué de l'expédition de la journée, reçut Henri avec une espèce de roideur et de dignité cérémonieuse qui faillirent faire perdre tout espoir à notre héros.

— Je ne puis, lui dit le prince, vous promettre aucun secours, car il ne m'appartient point de disposer des forces du duché. Je pourrais encore moins envoyer maintenant des troupes à votre secours, car le petit nombre d'hommes qui ont été confiés à mon commandement a été envoyé ici pour se mettre à la recherche des assassins de l'évêque de Toul. Moi-même je suis obligé de m'en retourner dans deux jours à Nancy, afin de rendre à mon père un compte exact du sinistre évènement qui a jeté la consternation dans ce pays. Si vous voulez m'accompagner, je me charge de vous présenter au duc Ferri. Le premier jour, nous irons coucher à Gerbéviller, où je dois aller prendre ma mère et ma sœur, qui ont passé quelques semaines de la belle saison chez mon frère Philippe, seigneur de ce bourg (19). Le lendemain nous nous remettrons en marche, et dès le même jour vous pourrez exposer votre affaire. Je ne vous promets point qu'on enverra des hommes d'armes pour vous secourir; car dans un commencement de règne il serait très-impolitique d'attaquer un voisin aussi puissant que l'évêque Étienne; mais nous parviendrons peut-être à lui inspirer des sentiments plus généreux à votre égard. —

Henri était trop avancé dans son recours à la maison de Lorraine, pour reculer devant une proposition qui ne lui laissait pas concevoir beaucoup d'espérances. D'ailleurs sa rentrée au château de Pierre-percée était à peu près impossible, sans compter que sa présence dans ce manoir n'était pas d'une grande ressource pour sa famille. Il se soumit donc de bonne grâce à l'exigence des évènements, quoiqu'ils ne courussent pas aussi vite que ses désirs. Plus tard il put se convaincre que ces évènements mêmes, dont nuit et jour il accusait la lenteur, étaient comme un pont de pierre que la Providence jetait sur son passage pour assurer sa marche et le conduire au but de ses vœux.

Le jour de la Pentecôte, le prince fit inviter Henri à un souper splendide qu'il donna aux dignitaires du chapitre et aux principaux officiers de la ville de Saint-Dié. Lorsque l'on était au milieu de la gaîté du festin, un gentilhomme lorrain se présenta dans la salle, et, s'inclinant respectueusement vers Ferri, lui dit à l'oreille :

— Seigneur, le grand-prévôt vient de s'introduire dans la ville à la faveur des ténèbres. Il est en ce moment chez une personne qui lui est dévouée, et il vous supplie de lui accorder une heure d'entretien. Il paraît qu'il a d'importantes révélations à vous faire. Seulement il exige, avant de se présenter, que vous juriez par la solennité de ce jour qu'il aura la vie et la liberté sauves.

— Je ne promettrai rien à un monstre, s'écria Ferri tout bouillonnant de colère. Qu'il sorte à l'instant de cette ville, et qu'il n'y reparaisse jamais, non plus que devant aucun membre de notre famille : c'est l'ordre et le vouloir de mon père. Chevaliers, continua-t-il en s'adressant à ceux de ses convives qui portaient l'épée, qui de vous aura la hardiesse de faire un message à Mathieu de Lorraine? Qui de vous ira lui dire en face: Si dans cinq minutes vous êtes encore à Saint-Dié, la maison qui vous a reçue sera cernée, incendiée, et vous deviendrez la proie des flammes. Point de pardon pour le traître qui a déversé l'opprobre sur une auguste famille. —

Tous étaient muets, car chacun pensait que Mathieu était homme à plonger son poignard dans le cœur de celui qui lui porterait des paroles aussi disgracieuses. Soudain Henri se lève et accepte la commission. Depuis qu'il avait entendu parler de cet illustre coupable, il avait été tourmenté d'un désir secret de le connaître. Comme un naturaliste aime à voir un énorme serpent se dérouler sur l'herbe, celui qui veut approfondir les mystères de la vie se plaît à étudier comment le crime s'entrelace à la dignité de l'homme, et comment il déploie sa hideuse expression sur la physionomie.

Lorsque notre héros aborda le grand-prévôt, il ne vit point, comme il s'y attendait, un personnage à figure bourrelée et à l'aspect terrible. Il avait, au contraire, des traits majestueux et l'air assez calme. Sa taille était imposante et son maintien tellement noble qu'Étienne de Bar lui-même, mis à côté de lui, n'aurait paru qu'un simulacre de grandeur. On voyait que ses passions, en ulcérant son cœur, n'avaient point dégradé sa figure : preuve certaine qu'il y a encore une partie saine dans l'être moral, et que l'âme n'est point gangrenée tout entière. Sur une armure à peu près complète, il portait un long manteau noir qui contrastait d'une manière avantageuse avec ses cheveux grisonnants et ses mains blanches comme l'émail. Une courte javeline était posée sur une table, à sa droite, tandis qu'un crucifix d'argent scintillait dans l'ombre, à sa gauche.

En présence d'un tel homme, Henri recueillit tout ce qu'il avait de courage et de sang-froid pour s'acquitter textuellement de sa commission.

— Eh ! qui êtes-vous, s'écria Mathieu en fixant sur lui son regard de feu.... qui êtes-vous pour oser me parler ainsi ? Hier vous auriez pu payer de votre vie une telle audace ; aujourd'hui je vous reçois en prêtre et en serviteur du Christ.—

Et son ton s'adoucissait à mesure qu'il arrivait vers la fin de sa période.

— Je suis Henri, chevalier de Salm, comte et consul de Pierre-percée ou Langstein. Mais mes qualités personnelles sont inutiles ici : je ne suis devant vous que comme envoyé du prince de Lorraine.

— Et depuis quand, chevalier, êtes-vous au service du prince que vous nommez?

— Je ne suis au service de personne. Hier je suis arrivé à Saint-Dié pour implorer la protection du duc, de votre frère, contre l'évêque de Metz, qui tient ma famille assiégée dans le château de Langstein.

— Je comprends. Vous avez reçu une commission dont aucun autre n'a voulu se charger. Vous êtes brave, Henri; je le savais déjà. Vous êtes honnête aussi, sans doute; vous êtes franc et loyal. Vous avez une âme élevée : je le vois à la largeur de votre front et à la noblesse de vos traits. Prenez place sur ce pliant, et dites quels sont vos sentiments à mon égard.

— Seigneur, je vous connais depuis si peu de temps......

— Point de détours. Si vous ne me connaissez pas, la renommée parle. Me méprisez-vous?

— Si vous n'êtes que malheureux, je vous respecte. Si vous êtes coupable, je vous plains...; je vous estime même, car l'homme ne perd point sa qualité d'homme par le crime; et tout homme, par sa nature, est respectable,..... tout homme surtout qui, comme vous, est doué de qualités supérieures.

— Tu me consoles, Henri; tu viens de dilater

mon cœur, qui, depuis six mois, était horriblement contracté. Dis encore une fois que tu m'estimes, et tu me rends heureux. Il y a si longtemps que je n'ai pas vu un homme capable de concevoir une pensée d'estime et un sentiment d'amour pour un autre. Mon Dieu, vos miséricordes sont infinies, et vous ne voulez pas que je périsse, puisque vous me faites rencontrer une âme assez grande pour me comprendre ! Henri, tu es un chrétien, toi ; tu es un noble chevalier, et je me confierai à toi. Oui, Henri, je suis....., j'ai été coupable. Mais la grâce a fait un miracle en ma faveur, et l'esprit de Dieu a soufflé aujourd'hui dans les replis de mon cœur. Hier encore je méditais l'incendie et la vengeance. Si l'espèce humaine n'avait eu qu'une seule tête, je me serais fait un plaisir de la couper et de la broyer sous mes pieds. Et malgré cela, je puis le dire, je n'ai jamais renié Dieu, je n'ai jamais douté de sa parole. Ce matin je me suis dit : Passerai-je donc ce jour solennel sans élever mon âme à Dieu ? Mes prières lui sont en horreur ; mais n'importe : je veux, malgré lui, malgré mes remords, lui prouver qu'un acte de foi peut encore sortir de ma poitrine criminelle. Là-dessus, je me suis mis à genoux à l'entrée de la caverne où j'avais passé la nuit ;

j'ai élevé les yeux au ciel, jai étendu vers mon créateur des mains suppliantes, et j'ai récité à haute voix l'hymne *Veni, creator*. Lorsque j'en étais à ces mots, *Accende lumen sensibus*, soudain cette pensée a traversé mon âme et illuminé mes sens : Insensé, tu demeures dans le crime, et *crime* et *malheur* sont synonymes. *Vertu* et *paix*, au contraire, ne sont qu'une seule et même chose; car Dieu a promis *la paix aux hommes de bonne volonté*. C'en est fait, je reviens au bien,..... c'est-à-dire au repentir; et désormais aucune action criminelle ne souillera les mains de Mathieu de Lorraine. Je ne sais si j'ai achevé l'hymne; mais j'allai incontinent rejoindre mes compagnons. Je leur dis : Mes enfants, fuyons, séparons-nous, et prenons la résolution de mieux vivre. Qui sait si Dieu ne nous pardonnera point?..... Là-dessus ils me rient au nez et se disent entre eux que je suis devenu fou, car j'avais vraiment un air inspiré, et un feu divin sortait de mes yeux. Terricus, ce prêtre qui a été le compagnon et le complice de tous mes désordres, est celui qui s'est montré le moins disposé à me comprendre. Compagnons, dit-il, tuons-le. Ne voyez-vous pas qu'il veut redevenir évêque, ou au moins reconquérir l'amitié de son frère? Ne craignez-vous point qu'aujourd'hui même il ne nous livre aux gens du duc, et qu'il n'achète sa grâce au prix de notre vie ? Et déjà quelques-uns avaient leur arc bandé, prêts à me percer le cœur. Je me suis enfui dans les sapinières. J'ai demeuré caché là jusque la nuit, et je me suis dit : J'irai trouver mon neveu ; je demanderai ma grâce, et il me l'accordera, sans doute. Lorsque ma famille m'aura accordé un généreux pardon, je vendrai mes biens, j'en distribuerai le prix aux pauvres, et j'irai finir mes jours dans la Terre-sainte...... Et voilà que ma famille me rejette ! et voilà que mon neveu m'appelle un monstre ! Mon Dieu, je boirai ce calice ! Je vais quitter la ville, puisque mon jugement est déjà prononcé. N'allez pas dire à ce jeune homme : Votre oncle est converti. Il n'en croirait rien. Ils ne comprennent point l'héroïsme du repentir, ces gens qui ne comprennent point l'héroïsme du crime. Parce que leur âme est trop courte pour s'enfoncer dans le mal, elle est trop courte aussi pour croire que l'on puisse en sortir. Pauvres nains qui, lorsqu'ils s'égarent, vont donner du pied contre quelque taupinière, ils se croient le droit de mépriser le géant qui va donner de la tête contre une montagne ! Ah ! Dieu ! que le défaut de lumières est un grand mal, et que les erreurs des hommes sont cruelles !

Elles sont plus cruelles, Henri, que les passions les plus féroces ; et les préjugés des grands tuent un plus grand nombre d'hommes que le glaive des scélérats. J'ajouterai tout bas : Et les idées étroites des ministres de l'Évangile damnent plus de personnes que les ruses du prince des démons. Je suis coupable, Henri ; mais mon repentir n'est point vil, et je me crois supérieur, dans ma bassesse, à tous ces hommes qui ont passé leur vie dans la pratique d'une vertu idiote, méconnaissant les desseins de la Providence, ne rendant justice à personne faute de lumières, et foulant aux pieds la vérité en voulant faire le bien. Ce n'est point sans raison que le Sauveur du monde a mis la sottise sur la liste des plus grands crimes, parce que la sottise est une semence de malheurs, la ruine des desseins de Dieu, et la sentine du cœur humain. *De corde hominum malœ cogitationes procedunt, adulteria, fornicationes, homicidia, furta, avaritiæ, nequitiæ,.... STULTITIA* (a). J'aurais été un grand prince sur le trône : je le sens dans mon cœur ; et j'ai été un indigne prélat, parce que les institutions des

---

(a) *Du cœur de l'homme sortent les mauvais projets, les adultères, les fornications, les homicides, les vols, l'avarice, la perfidie..... ET LA SOTTISE* (S. Marc, ch. 7. v. 21 et 22).

hommes ont faussé ma destinée. Les malheureux! pour assouvir leur ambition, ils m'ont fait évêque à dix-huit ans! Mon Dieu, pardonnez-leur leurs erreurs! Et voilà qu'ils veulent attenter à ma vie! et voilà que, lorsqu'ils m'ont placé sur la route de l'enfer, ils veulent m'y précipiter lorsque je suis arrivé sur le bord! Et ils le feraient, j'en suis sûr, car je sais ce à quoi le courroux d'un homme qui a la force en main peut se porter. Henri, un prêtre...., je vous en conjure! le temps presse. Qui sait où je serai demain! Un prêtre, vous dis-je : courez de ce pas le chercher. Dites-lui : Un malade vous attend sous le toit de Marie-la-folle, sur le chemin de Teintrux. Je sors. Soyez discret. —

Henri eut à peine le temps de lui glisser dans la main une poignée de sous d'or, et Mathieu s'échappa comme une ombre, enveloppé dans son manteau noir.

Il était temps. Une troupe d'archers lorrains s'avançait dans les ténèbres pour s'emparer de la personne de l'évêque. Henri alla à leur rencontre, et leur dit : — Amis, retournez. Le grand-prévôt s'est enfui vers la côte *Saint-Martin*. —

Et à l'instant, il alla frapper à la porte d'un chanoine, en lui disant : — Un malade réclame votre assistance. Veuillez m'accompagner sous le toit de Marie-la-folle, sur le chemin de Teintrux. — Le chanoine fit partir un vicaire ; et tous deux, précédés d'un porte-croix, se mirent en marche.

Mathieu de Lorraine était assis près du seuil de la maison, sur un banc de pierre. Marie-la-folle n'avait point voulu ouvrir à un homme seul. Dès quelle connut le vicaire elle vint ouvrir la porte, non en chemise, car le peuple ne connaissait point encore ce vêtement, mais entourée d'un grand linceul. — Ah! ah! dit-elle, vous venez bénir notre maison : vous faites bien, car elle est hantée par des fantômes. Toutes les nuits je leur dis : Attendez, attendez : je vous ferai déguerpir dès que j'aurai de l'eau bénite ; et ils ne s'en vont point. J'étais allée hier en chercher au monastère ; mais j'ai cassé la cruche en revenant. Bien vous a pris de prendre votre étole : cette bande de toile rouge fait peur au diable, et je suis assurée que désormais je dormirai tranquille.... Et vous, vous êtes le grand-prévôt : je vous reconnais bien, à telles enseignes que c'est moi que vous sauvâtes des polissons du faubourg qui me jetaient des pierres, et que vous eûtes la bonté de me ramener ici. On dit que vous tuez les hommes, maintenant ; c'est égal : vous n'en serez que plus redoutable à l'esprit malin. —

A ce mot de *grand-prévôt*, le vicaire fit un bond en arrière, comme s'il eût marché sur un basilic, et son visage, quoique brillant d'embonpoint, devint pâle comme un linceul. Sans perdre de temps, Mathieu lui fit signe, par un geste impérieux, de s'asseoir sur un bloc de sapin qui était la place d'honneur dans la chaumière. Et à l'instant lui-même tombe aux pieds de l'homme d'église, en se signant et en disant d'un ton solennel : — Mon père, bénissez-moi parce que j'ai péché. Je me confesse à Dieu et à vous..... Henri, dit-il en se tournant vers notre héros, dans une heure soyez ici avec le notaire apostolique. —

Et Henri laissa le noble repentant formuler l'humble narration de ses fautes.

CHAPITRE 9.

Acte de Donation.

Mathieu venait d'achever sa confession lorsque Henri et le notaire apostolique entrèrent sous le toit de Marie-la-folle.

— Messire, dit le grand-prévôt à ce dernier, vous allez minuter l'acte de donation de mes biens. Le vicaire et son clerc y figureront comme témoins. Henri, nous ne nous servirons pas de vous pour cette affaire, et pour cause. Je viens d'apprendre que la malheureuse Alix, que j'aimais comme mon enfant, est morte prématurément en Allemagne (Ici une larme s'échappa de la paupière du prélat, et il poussa un soupir involontaire). C'est à cette personne que j'eusse donné tout ce que je possède légitimement, si elle eût vécu. Maintenant, en mémoire d'elle, c'est sur la tête de Judithe, ma nièce, fille du duc Ferri, que je veux faire passer mes apanages.

Judithe ressemble parfaitement à Alix : elle a ses traits, sa taille, la bénignité de son caractère, et jusqu'au son de sa voix. Puisque toute ma famille me déteste, je veux que cet ange, du moins, puisse se souvenir avec quelque affection de son malheureux oncle. Maintenant, écrivez. —

Et le grand-prévôt se mit à dicter ce qui suit:

Au nom de la très-sainte Trinité, du Père, et du Fils, et du Saint-Esprit.

Moi Mathieu, grand-prévôt de l'église et du monastère de Saint-Dié, fais savoir à tous que, étant sur le point de partir pour la Terre-sainte pour y vivre dans une pauvreté parfaite et dans de continuels exercices de pénitence, jusqu'à la mort, je me dépouille volontairement de tous mes biens de la manière qui suit :

1°. Je donne aux pauvres de la ville et du ban de Saint-Dié tout ce que je possède dans ladite ville et dans ledit ban.

2°. Ma terre de Teintrux sera publiquement vendue, pour le prix en être spécialement affecté au rétablissement de la chapelle de sainte Madeleine, sur la montagne de Clairmont, et à l'entretien de l'ermite.

3° Je donne mes terres labourées et labourables, aussi bien que mes bois et mes vignes de Morhange et de Domjuvin, à ma nièce, Judithe ou Joatte de Lorraine, sous la condition expresse qu'elle épousera Henri de Salm, ici présent.

— C'est trop, interrompit vivement Henri, ému de cet acte de générosité....! Je ne prétends pas..... je ne mérite pas.....

— Silence, beau neveu, s'écria à son tour le grand-prévôt! N'implorez-vous pas la protection du duc pour vous, pour votre mère, pour votre frère?....... Voilà le seul moyen. — Et il continua de dicter :

Et si le mariage entre madite nièce et ledit seigneur Henri n'est pas ratifié par le duc de Lorraine et validement célébré dans quinze jours, à partir de la date des présentes, lesdits biens de Morhange et de Domjuvin appartiendront en propriété audit Henri, sans que nul homme puisse lui en disputer la possession.

Copie authentique dudit acte, qui sera tenu secret pendant trois jours, va être remise immédiatement audit Henri de Salm, présent et acceptant, pour lui servir de titre.

Fait et passé *etc*.

Les pièces signées et le notaire payé, les parties songèrent à se retirer, et Marie-la-folle congédia ses hôtes, toute joyeuse d'avoir vu accomplir des cérémonies religieuses dans sa maison.

CHAPITRE 10.

Mort de Mathieu.

Après une soirée aussi coupée d'évènements, on peut croire que l'agitation de Henri ne lui permit point de se livrer paisiblement au repos. Ce qui venait de se passer lui paraissait un songe, et il ne pouvait comprendre qu'un homme que peu d'heures auparavant il regardait comme un monstre indigne d'aspirer l'air, lui eût apparu sous la forme d'un être vénérable à certains égards, sous la forme d'un ami, d'un bienfaiteur même. Il sentit que le cours habituel de ses idées avait comme reflué vers sa source, pour prendre une autre direction. Il comprit alors que le commun des hommes est presque toujours injuste envers ceux que le crime a comme marqués de taches livides, et que, le plus souvent, la société a plus de torts envers eux qu'ils n'en ont envers elle. Il sentit que tout ne se pèse point dans la balance de la morale, et que l'homme peut être grand dans le crime aussi bien que d'une petitesse extrême dans la vertu. Il vit alors distinctement combien est sage la loi du Christianisme qui nous ordonne de pardonner à tous ceux qui s'égarent, et qui veut que nous recouvrions de notre amour toute la malice des méchants. Il pensait avec intérêt à cet homme extraordinaire qui avait su trouver le chemin de la vertu sur les dernières marches du crime. Surtout il se rappelait avec attendrissement cette figure si calme au milieu de la tempête, si noble au milieu de l'infamie, si céleste au milieu du repentir. On aurait dit que tout le sang du Christ que Mathieu avait bu dans ses longs jours était revenu sur sa face pour lui donner un air divin (car les grâces dont on a abusé reviennent avec plus de force lorsqu'on se repent, semblables à une sève arrêtée qui circule avec plus de rapidité lorsque le vice de l'arbre disparaît).... C'est ainsi que, pendant toute la nuit, l'imagination du jeune comte, qui avait joué un rôle peu actif dans les évènements de la soirée, lui en reformait un tableau où les idées venaient se mirer dans les faits. Et puis son esprit se reportait avec une avide curiosité vers cette Judithe que Mathieu, partant pour l'exil, semblait lui donner en héritage ; vers cette Judithe qu'un sort officieux amenait, en quelque sorte, au-devant de lui, et qu'il brûlait de trouver à Gerbéviller. Mathieu n'avait-il point dit qu'elle était un ange de taille et de physionomie, et ne l'avait-il point comparée à Alix, cette élue de son cœur? Il n'en fallait pas tant pour enflammer le jeune homme, qui depuis longtemps peut-être était à la recherche d'un objet assez noble pour l'émouvoir; et, dans toute la candeur de son espoir, il se mit à aimer la princesse de Lorraine avec autant d'abandon que s'il eût été assuré de devenir son époux.

Ces différentes pensées le tinrent éveillé jusqu'à l'aurore. Alors il s'assoupit profondément, affaissé sous le poids de tant d'images.

Il lui sembla, pendant son sommeil, que Judithe et Alix soulevaient les rideaux de son lit, et se tenaient de chaque côté de lui, en le regardant avec complaisance. La première avait un visage riant et les yeux remplis d'une allégresse indicible. Son vêtement brillait comme le saphir, et elle portait sur la tête la couronne d'une fiancée que l'on conduit à l'autel. Alix, au contraire, avait le visage morne et consterné; sa paupière était humide de larmes; et ses cheveux blonds, qui tombaient en désordre sur sa taille amaigrie, avaient des boucles d'un rouge ensanglanté. Une longue pique était à moitié cachée sous sa robe,

8.

et de cette pique, dont la pointe était menaçante comme le dard d'un serpent, elle se disposait à donner un léger coup à notre héros, lorsqu'il s'éveilla en sursaut..... Un homme d'armes venait l'avertir que le prince de Lorraine était à l'heure de son départ.

Quelques heures après, Ferri chevauchait sur la route de Rembervillers, et se trouvait entre les villages de Saint-Michel et de Nompatelize. A sa gauche était Simon de Joinville, un de ses affidés courtisans. A une portée de flèche devant eux cheminait la garde du prince, qui devait l'accompagner jusqu'à Nancy. Henri fermait la cavalcade et s'entretenait avec un officier du duc Simon, avec qui il avait renoué connaissance. Déjà nos voyageurs avaient perdu de vue la montagne de Clairmont, au pied de laquelle ils avaient passé. Sur la gauche, on commençait à apercevoir les chaumières de la Bourgonce, derrière lesquelles s'enfonçaient, dans un angle profond, les ravins où Renaud de Senlis avait perdu la vie. A droite, le village de Saint-Remi, planté, comme une escarboucle, au front du val, étalait avec une magnificence rustique le clocher de son ancienne église (20), que couronnait une épaisse chevelure de sapins; tandis que, à l'extrémité de l'horizon, un cordon de montagnes encadrait la vallée, et se joignait aux pyramides de nuages qui flottaient, comme des fantômes blancs, sous la voûte azurée des cieux. Dans le lointain, vers l'occident, entre le mont Repy, qui terminait la chaîne dont nous parlons, et la montagne de Saint-Blaise, qui commençait la chaîne du Donon, on entrevoyait les flancs nus de la côte de Beauregard, sentinelle assise sur les bords de la Meurthe pour épier les Vosges..... Le ciel était pur, l'air était calme, et la nature était dans son plus beau luxe de printemps. Des seigles verdoyants qui bordaient la route, s'élevaient des légions d'alouettes qui semblaient gagées pour saluer le prince à son passage, et des bandes de pinsons, perchés sur les arbres du village, remplissaient les airs de mélodieux accords.

Tout-à-coup on vit Mathieu de Lorraine sortir d'une chaumière qui bordait la route. Il s'avançait gravement, et d'un pas noble, à la rencontre de son neveu. Qu'allait-il lui dire? La Providence n'a pas voulu qu'on le sût. Ferri, à la vue de son oncle, fit un bond sur son coursier comme s'il eût été atteint d'une flèche empoisonnée. Pendant un instant, on le vit hésiter s'il reculerait ou s'il avancerait. Soudain, prenant une résolution effrayante, et comme s'il eût été agité par un démon, il dit, en frémissant, au gentilhomme qui l'accompagnait :

— Simon, perce le cœur de ce traître.

— Que Dieu me garde, répondit le serviteur loyal, de porter la main sur l'oint du Seigneur, et sur un membre de votre famille ! —

Aussitôt Ferri, plus irrité encore de ce que l'on osait contrevenir à ses ordres, arracha violemment la lance que portait Simon, et, la mettant en arrêt, il courut, tête baissée, sur le prélat sans défense.

Celui-ci, voyant la fureur du prince, s'était mis vainement à genoux au milieu de la route, levant les bras au Ciel comme pour le prendre à témoin de la pureté de ses intentions : la lance de son neveu l'avait déjà percé de part en part, et il tomba, expirant, sur le sable.

Le sang coulait à gros bouillons, et se mêlait à l'eau limpide d'un petit ruisseau qui traversait le chemin, lorsque Henri de Salm arriva sur le théâtre du meurtre. Mathieu était mort, et ses bras raidis étaient encore étendus pour implorer la miséricorde qu'il n'avait pu obtenir sur la terre.

Ferri continuait tranquillement sa marche, et ne retourna pas même la tête.

Quelques paysans étant survenus, Henri leur

donna une pièce d'or pour qu'ils transportassent le corps du grand-prévôt au monastère de Saint-Dié. Là, les chanoines refusèrent non-seulement de lui donner la sépulture chrétienne, mais encore de le laisser entrer dans la ville, et le cadavre sanglant demeura une demi-journée à l'entrée du faubourg, exposé aux regards et aux insultes des passants. Quelques-uns s'avisèrent de le placer dans un cercueil ouvert, et le portèrent, en cet état, sur la montagne de Clairmont, où ils le suspendirent à un arbre, près des ruines du château. Au bout de quelques jours, on le jeta dans une louvière, que l'on combla de branchages et de grosses pierres.

Ainsi Mathieu reçut en ce monde le châtiment de ses crimes (21).

Ainsi le moyen-âge était un temps de désordres criants, et de cruautés plus grandes encore. La Religion, qui alors fermentait dans toutes les têtes, n'était point assez puissante pour arrêter les crimes, parce qu'elle n'était point descendue dans les mœurs. Aujourd'hui, qu'elle est descendue dans les mœurs, et que les habitudes sociales sont imprégnées de l'amour des hommes, elle ne joue plus qu'un rôle très-secondaire dans les esprits. Ainsi toutes les époques ont leur côté lumineux et leur côté obscur.

Aujourd'hui donc, tout chrétien, parcourant la route de Raon-l'Étape à Saint-Dié, peut se dire, en jetant les yeux sur la montagne de *la Madeleine* (a), qui apparaît, sur la rive gauche de la Meurthe, comme un long cercueil noir recouvert d'un crêpe de sapins : *C'est là que repose Mathieu de Lorraine, en attendant le dernier jour.*

Et la reine des monts et des vallées possède, à côté d'elle, un témoignage de la corruption d'une époque que quelques-uns vantent parce qu'ils sont mécontents de la nôtre.

Malgré l'horrible incident que nous venons de rapporter, Henri continua à suivre le prince, et le voyage fut triste et monotone comme un convoi funèbre.

(a) C'est le nom actuel de la montagne de Clairmont.

CHAPITRE 11.

La Sibylle de Marsal.

Or pendant que le comte de Pierre-percée séjournait à Saint-Dié, l'évêque de Metz officiait solennellement, le jour de la Pentecôte, dans l'église de Marsal.

Ce jour-là, un *frère prêcheur* monta en chaire, et prit pour texte ces paroles du prophète Joël : *Effundam de Spiritu meo super omnem carnem; et prophetabunt filii vestri et filiæ vestræ..... Je répandrai mon Esprit sur toute chair, et vos fils et vos filles auront des visions.*

Dans son sermon, qui dura près de deux heures, et qui, malgré sa prolixité, ne fut guère mieux compris que bien des sermons de nos jours, le jeune orateur fit plusieurs fois allusion à la piété extraordinaire d'une jeune fille du lieu, et aux dons miraculeux qu'elle avait reçus d'en haut. Cette jeune fille, disait, dans sa péroraison, le saint enthousiaste, n'a plus de conversation qu'avec les anges, et nous ne sommes pas dignes de la voir assise au milieu de nous. La demeure de son corps est sur la terre, mais son âme est ravie jusqu'au troisième ciel. Les apôtres n'ont point vu parmi eux des prodiges pareils à celui dont le Saint-Esprit nous favorise en ces jours de salut.

Le fait est qu'il y avait alors à Marsal une fille qui passait pour un prodige de sainteté, et dont l'histoire a été consignée fort au long dans les chroniques du temps. Le nom de cette pieuse personnne était *Sibylle*.

Sibylle s'était enrôlée dans la confrérie des dames béguines de Marsal. Ces *béguines* étaient des femmes qui faisaient profession d'une piété austère, et qui avaient des exercices réglés, sous la conduite des frères prêcheurs, qui étaient les missionnaires de l'époque. Bientôt Sibylle se fit remarquer entre toutes par son assiduité aux exercices journaliers de la congrégation, par son recueillement, par la modestie de ses habits, par la longueur des oreilles de son chaperon, et surtout par des discours où rayonnait tout le mysticisme du temps ; car Sibylle avait beaucoup d'élocution naturelle, beaucoup de facilité à comprendre, et beaucoup plus encore à répéter avec un ton pénétré tout ce qu'elle avait entendu dire à l'église par les saints hommes. Bref, il advint qu'un homme riche et sa femme, touchés de tant de mérite, voulurent loger chez eux la jouvencelle, qui était probablement étrangère ou orpheline ; et, dans toute la sincérité de leur zèle, ils allèrent jusqu'à lui meubler très-proprement une petite chambre, comme avait fait jadis la veuve de Sarepta au prophète Élisée. Et lorsque la bonne matrone voulut offrir à manger à sa recluse, celle-ci s'en défendit, en disant qu'elle ne vivait point du pain de la terre, et que les entretiens fréquents qu'elle avait avec les anges étaient le seul aliment qui lui fût nécessaire.

Un tel miracle ne pouvait rester inconnu bien longtemps. Aussi, bientôt il ne fut plus question dans tout le pays que de la perfection surhumaine de la jeune béguine, et c'était à qui viendrait se recommander à ses prières ou toucher ses vêtements. Mais une si haute faveur n'était point accordée au plus grand nombre : quelques privilégiés seulement étaient admis à s'agenouiller dans la sainte cellule. Là, le plus souvent, la jeune personne était couchée sur son lit, dans un état d'immobilité complète : ses yeux étaient fermés, sa figure était rayonnante de santé et de vie, sa bouche laissait à peine échapper un souffle imperceptible, et son âme était au ciel. Ceux qui avaient vu ces merveilles ne manquaient point de les divulguer et d'en rehausser l'éclat; si bien que l'affluence du peuple était grande, et que les prédicateurs ne cessaient, en chaire, de publier les mérites de la jeune sainte.

Les choses en étaient là lorsque Étienne de Bar vint à Marsal. Il voulut d'abord s'assurer si dans le fait de la jeune béguine il n'y avait point de supercherie. Sa qualité d'évêque l'y obligeait; ensuite il ne voulait point se compromettre en interrogeant un oracle douteux. Étienne donc ordonna que la jeune fille fût placée dans une autre maison, s'imaginant que dans la première quelqu'un pouvait communiquer avec elle à l'insu de tous, et lui porter des aliments.

La première nuit après le déplacement de la sainte, on entendit des bruits affreux dans sa nouvelle habitation : on aurait dit que tous les meubles s'entre-choquaient et que les murs étaient sur le point de s'écrouler. Le matin on ne trouva rien de dérangé, sinon que toutes les plumes du lit de la jeune personne étaient disséminées dans sa chambre et dans d'autres parties de la maison. Sibylle se plaignit alors d'avoir été horriblement maltraitée par un diable revêtu d'une forme humaine. — Du reste, ajouta-t-elle, ce n'est pas la première fois que de pareilles choses arrivent : si je suis visitée de jour par les anges, par compensation Dieu permet que je sois en butte, la nuit, aux attaques de l'esprit malin. Mais, avec le secours de la prière, je sors toujours victorieuse de ces combats.

En effet sa première hôtesse, en rendant compte à l'évêque de tout ce qu'elle connaissait sur le compte de cette fille extraordinaire, avait affirmé avec serment avoir entendu souvent la jeune béguine se plaindre au milieu de la nuit, et pousser des gémissements douloureux. L'hôtesse avait rapporté aussi que Sybille avait coutume de lui dire : Ne vous effrayez point de tout ce que vous pouvez entendre pendant la nuit, soit dans ma chambre, soit dans toute autre partie de la maison. Dieu permet que le démon m'apparaisse et me tourmente. Mais il n'a point reçu le pouvoir de me nuire.

Le troisième jour, la sainte se jeta aux pieds de l'évêque, en fondant en larmes : elle le conjura, par tout ce qu'il y a de sacré, de permettre qu'elle retournât dans sa première habitation ; — car je sais par révélation, dit-elle, que si je suis encore ici la nuit prochaine, le démon aura le pouvoir de me mettre en pièces. —

Étienne ne put résister à cette prière. D'ailleurs l'épreuve était en quelque sorte suffisante. N'était-il pas constant que la jeune fille vivait sans boire et sans manger, puisque, après trois jours d'un jeûne absolu, ses forces ne l'abandonnaient point? Seulement on remarquait que les assauts qu'elle avait eus à soutenir de la part du prince des ténèbres avaient répandu un peu de pâleur sur ses traits.

Une fois réintégrée dans son premier domicile, la sainte reçut encore la visite de l'esprit infernal, mais il était là moins puissant qu'ailleurs. Lorsqu'elle permettait que sa chambre fût ouverte (ce qui était assez rare), on la voyait toujours en extase sur son lit, le visage enflammé, et respirant à peine. La nuit, on l'entendait soupirer et se plaindre. On entendait même parfois la voix de Satan, terrible et discordante comme le son d'une vieille cloche fêlée, puis soudain la voix argentine de la jeune vierge, qui lui reprochait son obstination, sa noirceur et sa malice. A la fin, le démon devint visible à tous, car il ne craignait point, après avoir tourmenté la jeune fille, de sortir par la porte de sa chambre, et de se faire voir, au passage, à tous ceux qui, tremblants de crainte et se signant depuis les pieds jusqu'à la tête, avaient été auditeurs de ces débats. Et le démon, poilu comme un faune et leste comme un chat sauvage, s'esquivait aux yeux des assistants, et prenait même la liberté de se promener, en corps et en âme, dans les rues de Marsal.

Et alors chacun de fuir et de se recommander à la puissante intercession de la Bienheureuse.

Un jour, un garnement de l'endroit vint à mourir. Le lendemain, avant l'aurore, le démon sortit ostensiblement de la chambre de Sibylle, et, d'un ton terrible, se mit à dire à ceux qui étaient sur son passage (car toutes les nuits l'antichambre de la jeune fille ne désemplissait point : il fallait peut-être même payer pour y avoir une place)...... Le démon donc se mit à vociférer d'une voix d'enfer :

— Ho ! hé ! haie ! que cette Sibylle me fait de mal. Voilà un de mes amis qui est décédé, et je me faisais une joie de le conduire dans mon grand pré. Mais elle me l'a arraché des griffes comme on arrache un poulet de la gueule du chat ; et si cela continue je n'aurai plus personne dans mon grand pré. Si les anges n'avaient soin de garder cette maudite créature, combien j'aurais de plaisir à lui tordre le cou. Ho ! hé ! haie !—

Là-dessus, un des assistants plus hardi que

les autres (un saint prêtre probablement) prit sur lui d'adresser la parole au diable.

— Messire Satan, lui dit-il, dites-nous ce que vous entendez par votre grand pré.

— Mon grand pré, reprit l'ennemi du genre humain, est un vaste enclos où je mène promener tous ceux qui sont à moi. Ce pré est toujours arrosé de souffre et fleuri de brillantes flammes. Il est rempli de fort beaux serpents, de jolies couleuvres, de magnifiques crapeaux et de vipères aimables. C'est dans cette agréable société que mes amis s'amusent, et que je les retiens de gré ou de force. Ho! hé! haie! Prenez garde à mon grand pré! —

Et le diable s'esquiva du milieu de son auditoire frémissant d'épouvante.

Étienne de Bar était présent à ce colloque, et il eut sa part de frayeur comme les autres. Lorsqu'il fut jour, il obtint d'entrer dans la chambrette de la béguine accompagné du moine de Clairvaux, du chanoine Gautier et de la bonne hôtesse. Ils trouvèrent Sibylle couchée comme à l'ordinaire, et plongée dans une extase aussi tranquille que si, quelques heures auparavant, elle n'avait point eu à lutter contre le prince des ténèbres. La petite chambre ne se ressentait nullement de la présence d'un être aussi hideux, car, bien loin de sentir le souffre ou d'être imprégnée de quelque vapeur d'enfer, elle paraissait embaumée de célestes parfums. De plus, le visage de la miraculeuse personne était recouvert d'un voile si fin, si transparent, si ingénieusement travaillé, que tous s'en émerveillaient.

— D'où peut venir à cette fille une aussi belle étoffe, demanda Étienne à la vénérable matrone?

— D'où voulez-vous que cela lui vienne, si ce n'est des anges qui la visitent, répondit la pieuse femme avec un petit ton d'aigreur (car elle ne pouvait comprendre que l'on mît sans cesse en question les qualités surnaturelles de sa protégée)? Puisque les anges font son lit, comme elle me l'a assuré elle-même, il n'est pas étonnant qu'ils aient aussi soin de sa parure.

— En effet, dit Gautier, il est impossible qu'un tissu aussi fin soit fait de main d'homme.

— Je le crois bien, reprit la vieille matrone. Où avez-vous vu des filles porter des ornements pareils?.... Et puis voyez ce petit vase qui est sur la table. Il renferme une eau que les anges lui donnent pour asperger le démon. Sans cette eau divine, il y a longtemps que la pauvre enfant serait étranglée. —

Et tous de s'incliner devant le petit vase venu des cieux. La chronique dit même que chacun but une gorgée de ce précieux liquide, quoiqu'il fut jaunâtre et d'un aspect un peu dégoûtant.

Dès lors Étienne de Bar n'eut plus le moindre doute sur la sainteté de la jeune fille. Ces extases continuelles, ces parfums célestes, ce voile qui n'était point fabriqué de main d'homme, et, par-dessus tout, cette vie matérielle qui se soutenait, forte et inchancelante, sans le secours d'aucun aliment : c'en fut assez pour le convaincre qu'il avait devant les yeux la créature la plus parfaite du monde, une digne émule de sainte Hildegarde, qui parlait latin aussi bien qu'un évêque sans avoir jamais étudié cette langue. Il résolut donc de passer les jours et les nuits dans l'antichambre de la sainte, jusqu'à ce qu'il pût obtenir d'elle une audience secrète. De plus, il prit dès ce moment la résolution de faire bâtir une riche chapelle, pour y exposer la sainte aux regards et à la vénération des Fidèles. — Ce serait un grand méfait, disait-il aux prêtres de sa suite, de laisser plus longtemps cette lumière sous le boisseau : il faut qu'elle soit mise sur le candelabre, pour qu'elle éclaire les plus aveugles et qu'elle corrige les plus indociles ; il faut aussi que l'on sache, par ce moyen, les faveurs que Dieu répand sur notre diocèse. —

Et tous d'applaudir, et d'offrir leur bourse pour l'accomplissement d'une aussi belle œuvre.

Mais le dénouement fut loin de répondre à de si glorieux débuts.

La seule personne qui conservait encore des soupçons sur le haut mérite de Sibylle, était le moine de Clairvaux. Instruit dans les voies de Dieu par l'abbé Bernard, homme aussi bon philosophe que parfait théologien, il avait appris à distinguer la vertu de son masque, et souvent il avait entendu répéter à son digne maître que *le Saint-Esprit ne s'encanaille point*. Ce grand apôtre du moyen-âge voulait dire par là que le Saint-Esprit, qui est *la Raison de Dieu*, déteste l'erreur, et les idées fausses, et les sots préjugés (*fugit cogitationes sinè intellectu*); et qu'il ne laisse tomber que faiblement les rayons de sa grâce dans une âme souillée d'idées basses, petites, erronées, incomplètes, comme l'étaient nécessairement celles de Sibylle, abandonnée à elle-même dès son enfance, et qui, loin d'avoir reçu une éducation intellectuelle quelconque, ne savait pas même lire. Aussi il n'y avait rien que Bernard détestât aussi cordialement que l'ignorance, parce qu'il est dans sa nature de tomber dans l'erreur, ni rien qu'il trouvât aussi éloigné

9.

de l'esprit de l'Évangile que la sottise. Il faut que les sots soient chrétiens, disait-il, parce qu'il faut que chacun parvienne au salut ; mais il ne faut pas qu'ils aient des fonctions dans l'Église et qu'ils montent sur les degrés de l'autel, parce que, ainsi placés, ils peuvent renverser la foi de plusieurs. Un sot qui manie les choses de Dieu, disait-il encore, fait plus de mal à la Religion que le libertin qui la décrie, parce qu'il verse à pleines mains sa sottise dans la foi, et qu'alors aux yeux du vulgaire la foi devient sottise.

Saint Bernard prêchait la vérité, mais la vérité n'est pas toujours écoutée, même par ceux qui ont mission de l'enseigner.

Et de tout temps le Christianisme a eu des prêtres qui, comme des fourmis qui grimpent le long d'un arbre, ont vécu de son écorce, et l'ont ravalé au rang des petites choses.

Et de grandes âmes n'ont point voulu être chrétiennes pour ne point être petites.

Nous disions donc que le Religieux de Clairvaux ne pouvait se persuader que l'Esprit de Dieu eût descendu si bas pour se choisir un vase de prédilection. Il se souvenait en outre qu'à l'assemblée d'Etampes, présidée par Bernard, il avait vu la reine de France et les dames de sa suite porter des voiles d'une étoffe aussi légère que celle dont naguère la tête de la jeune Marsallaise était ornée. Dans sa juste défiance, il résolut d'épier de plus près ses actions, et de percer le mystère dont elle aimait à s'environner. Il ne tarda pas à découvrir, près de la porte de la chambre de Sibylle, une fente légère qu'il agrandit avec un poinçon. La nuit suivante, lorsque la sainte commençait à se plaindre, et à jeter des cris comme si elle eût été sous la main du diable, il alla coller silencieusement son œil sur la petite ouverture.... Quel ne fut point son étonnement de voir la jeune personne faisant tranquillement son lit à la clarté d'une bougie, et en arranger la couverture avec un soin minutieux dans le temps même où elle se plaignait le plus, et où les cris qui partaient de sa poitrine voulaient faire entendre qu'elle endurait la torture. Du reste, pas l'ombre même de l'esprit malfaisant ne se dessinait sur la muraille. Le Religieux se releva subitement et alla avertir Étienne de Bar de ce qui se passait. La porte fut enfoncée avec une hache d'armes, et on vit aussitôt Sibylle se jeter éperdue dans son lit, tremblante et agitée comme la feuille du hêtre près de laquelle la foudre vient de tomber. On se jette sur elle, on la force de parler, en la menaçant, si elle ne révèle tout, de la faire brûler vive, comme une mécréante et une sorcière. Et la robe du diable était là, étendue sur un siége à côté du voile des anges. C'était plusieurs peaux de bœufs cousues ensemble, et au bout desquelles étaient appendus un masque noir, un capuchon et des cornes.

Sibylle confessa que sa chambre avait une porte secrète par laquelle un jeune prêtre avait coutume de pénétrer jusqu'à elle ; que souvent elle recevait de ce jeune homme du vin et toutes sortes de mets ; qu'il prenait soin lui-même de cacher sous le lit ce qu'elle ne consommait pas à l'instant (on y trouva en effet les restes d'un succulent repas) ; que le voile, les parfums et le costume de Satan lui venaient de la même main ; que c'était tantôt elle-même, en contrefaisant sa voix, tantôt le prêtre lui-même, qui jouait le rôle de Satan ; enfin que c'était par les instigations de cet homme, et pour lui faciliter les moyens de la voir seule, qu'elle s'était décidée à jouer cette dangereuse farce.

Pendant ce récit, Gautier pleurait, la vieille matrone se tordait les mains, son mari jurait, les frères prêcheurs levaient les yeux au ciel, les béguines se cachaient le visage de honte, et Étienne était furieux comme un lion qui a été longtemps piqué par une mouche. Il s'élançait presque au plafond, comme si le plancher sur lequel il marchait eût été de feu, lorsqu'il venait à songer qu'il avait conçu l'insensé projet d'élever une chapelle en l'honneur de cette infâme débauchée. Dans les premiers moments de sa colère, il fut sur le point d'immoler la jeune personne à son ressentiment; mais le moine de Clairvaux lui retint la main, et lui fit comprendre qu'un pareil châtiment ressemblerait trop à une vengeance personnelle.

En ce moment, un jeune seigneur de fort bonne mine, qui, la veille, était arrivé de Nancy en la compagnie de plusieurs gentilshommes, examinait la scène en silence, les bras croisés sur la poitrine, et se tenant à l'écart dans un angle de la chambre. Un léger sourire, intercepté sur ses lèvres, circulait dans tous ses traits et donnait à sa physionomie une teinte légère de malice. Le jeune homme tenait à la main une toque verte surmontée d'une aigrette en fils d'or..... Au moment donc où le moine de Clairvaux retenait le bras de l'évêque irrité, le chevalier à l'aigrette d'or se prit à dire d'une voix claire, et qui attira sur lui les regards de toute l'assistance :

— Si c'est comme hypocrite que vous voulez occir la jouvencelle, alors vous devez occir tous les hypocrites; ce qui ne sera pas l'œuvre d'un jour. Si c'est comme coupable de paillardise, ce serait alors à celui d'entre nous qui a les mains nettes sur cet article à lui porter le premier coup. —

A cette leçon grave et inattendue, Étienne de Bar se retourna avec toute l'agilité d'un sanglier qui quitte le chien qu'il était près d'éventrer, pour se jeter sur le chasseur aventureux qui l'insulte en le frappant sur la hure. Il se contenta néanmoins de toiser le jeune homme depuis les pieds jusqu'à la tête, et de chercher à deviner quel était ce hardi interlocuteur ; car le chevalier à l'aigrette d'or n'avait dit son nom à personne, et il s'était contenté d'être spectateur muet des scènes de la nuit. Le courroux d'Étienne se trouvant donc ainsi partagé, notre prélat prit le parti de laisser en repos la béguine, et il regagna promptement son logis pour sauver les restes de sa grandeur éclipsée.

Mais il était écrit que Sibylle ne survivrait pas longtemps à cet évènement. La secousse terrible qu'elle avait éprouvée en tombant d'un excès de gloire dans cet excès de honte, avait ébréché considérablement le fil de sa vie. Un cachot humide et profond où elle fut jetée le même jour, et dans lequel, au lieu des mets exquis qu'elle recevait de son séducteur, on ne la nourrissait que d'un pain noir, acheva d'en rompre la trame. Le sixième jour, on trouva son corps raide et gisant sur la paille.

C'est ainsi, ajoute la chronique où nous avons copié cette histoire, que Dieu brise le fil des coupables intrigues (22).

C'est ainsi, ajouterons-nous avec plaisir, que Dieu ne veut point que l'on associe le crime à sa gloire, et qu'il se plaît à écarter la séduction des faux prodiges.

CHAPITRE 12.

L'Entrevue.

Étienne de Bar était un de ces hommes qui marchent la tête haute et sont prêts à tout entreprendre lorsqu'ils voguent en plein succès, mais que le moindre évènement contraire fait plier comme un coup de vent. Ces hommes n'ayant d'autre courage que l'orgueil et d'autre audace que celle que la fortune enfante, il n'est pas étonnant qu'ils perdent toute leur hardiesse lorsque leur orgueil est brisé, ou lorsque la fortune les abandonne. Le courage qui vient de la vraie grandeur d'âme est plus solide, parce que la vraie grandeur d'âme marche au-dessus des évènements et ne s'enfonce point avec eux. Assise sur les bras d'une conviction puissante, il n'y a pas d'obstacle qu'elle ne surmonte ni de murs qu'elle n'escalade.

Étienne de Bar, donc, demeurait consterné et stupéfait après l'échec qu'il venait d'éprouver de vant le lit de la béguine, et il ne se croyait plus propre à terminer un siége, ou à gagner une bataille, parce qu'il s'était laissé surprendre par la ruse d'une femme. Son premier dessein avait été, après cet évènement douloureux, de retirer ses troupes employées au siége de Pierre-percée, et de publier qu'il allait partir pour la Terre-sainte. Déjà il était sur le point de faire annoncer cette résolution à Bernard. Mais, comme son amour-propre luttait encore contre son découragement, avant de sceller les dépêches il fit appeler Rullin, son chancelier d'armes, pour prendre son avis.

Rullin était un de ces hommes qui n'aspirent que l'air de leur métier, et qui n'ont d'idées dans l'âme que pour la consommation de leur fortune et la conservation de leur place. Une seule idée vraie, un seul raisonnement juste, ne pénètrent jamais dans des cerveaux ainsi couronnés d'égoïsme, parce qu'ils mesurent tout sur leur propre intérêt, et que tout ce qui sort de cette ligne de prédilection leur parait faux, inique et déloyal. Cependant il n'était point rare, dans les temps anciens, que le pouvoir, soit ecclésiastique soit séculier, n'eût d'autres rouages que des penseurs de cette nature. Étienne de Bar donc avait une confiance aveugle en notre Rullin, parce qu'il lui supposait des talents supérieurs dans l'article de la guerre, talents qui se réduisaient à savoir exactement le nom et la forme de toutes les espèces d'armes alors en usage, et à déployer, au besoin, une autorité tyrannique pour la levée des recrues, ou pour molester les officiers dont les vrais talents ou les vues droites lui portaient ombrage.

Le ministre de la guerre de l'évêché de Metz étant donc en présence de son très-redouté seigneur, et ayant appris de lui de quoi il s'agissait, n'eut rien de plus pressé que de faire un beau discours, dans lequel il prouva, avec tous les termes de l'art, que la prise du château de Pierre-percée ne pouvait manquer d'avoir lieu dans un très-bref délai. Il se hâta d'ajouter que la possession de ce castel redoutable, auquel étaient annexés de riches forêts, et un territoire spacieux dans la plaine, ajouterait un nouveau lustre à la gloire de son seigneur et maître.—Vous avez forcé par les armes la bourgeoisie de Metz, dit-il encore, à reconnaître votre autorité temporelle dans l'enceinte de cette cité; vous êtes parvenu à démolir les castels que le duc de Lorraine possédait à Vic et à Moyenvic; vous avez repris sur le même duc les forteresses de Hombourg, de Lucebourg et d'Épinal; vous avez fortifié Rambervillers; vous vous êtes rendu maître des domaines de Fauquemont, de Mirbault et de Viviers ; vous avez vaincu les rebelles de Deneuvre et d'Apremont ; vous avez réduit en cendres le château de Dieulouard, et renversé de fond en comble les forteresses de Ticourt et de Vatimont. Par vos exploits vous avez environné de splendeur le siége où la divine Providence vous a placé, et il est certain, dès à présent, que votre nom sera inscrit honorablement dans l'histoire. Voudriez-vous donc qu'il fût dit un jour que votre gloire a péri devant le château de Pierre-percée, et qu'après avoir triomphé de la maison de Lorraine, vous n'avez pu châtier l'insolence des comtes de Salm? Ne voyez-vous pas de quelle importance il est pour vous de mettre le doigt dans cet anneau de la chaîne des Vosges? Une fois cet anneau de fer entre vos mains, vous allez amener à vous toute la chaîne, et forcer le duc de Lorraine à vous abandonner ce qu'il possède dans ces contrées. Seigneur, les montagnes sont un pays d'or à celui qui sait les exploiter ; et je ne demanderais qu'à dominer dix ans dans ce pays pour être le plus riche potentat de l'Austrasie.

— Mais je renvoie à l'empereur ses trois mille lansquenets, reprit le cardinal, et par conséquent nos forces seront considérablement diminuées.

— Nous ferons des levées, Seigneur. Voici

la liste des vassaux que vous pouvez appeler sous les armes. Le pasteur n'a-t-il pas le droit de tondre son troupeau? et ces honnêtes gens ne seront-ils pas plus heureux de manger votre pain à l'ombre d'une tente que de fouiller péniblement la terre pour y chercher leur nourriture?

Metz et territoire peuvent donner 1,200 hommes;

Vic et Marsal, avec territoire, 1,500 hommes;
Rambervillers et territoire, 800 hommes;
Deneuvre et châtellenie, 400 hommes;
Épinal et châtellenie, 600.
Total : 4,500 hommes.

— Et à quelle époque ces hommes pourront-ils être armés d'une manière convenable?

— Seigneur, si vous voulez remettre entre mes mains quatre cents sous d'or, je m'engage à faire fabriquer avant les calendes de Juillet les boucliers, les haumes, les arcs et les arbalètes nécessaires à leur équipement.

— Eh bien, Rullin, je vais sceller l'ordre d'opérer ces levées. Vous savez que je ne calcule pas la dépense : il serait indigne de moi d'entrer dans ces détails. Quatre cents sous d'or vous sont accordés pour l'armure de 4,500 hommes. —

Et le chancelier d'armes frottait avec force son menton barbu, pour que la joie intérieure qu'il éprouvait de ce marché ne se manifestât point trop fortement sur sa figure.

Cet arrêt souverain venait à peine d'être rendu, lorsqu'un page vint annoncer au cardinal qu'une ambassade du duc de Lorraine s'était présentée à la porte, et demandait à être introduite. A cette nouvelle, l'évêque se troubla comme si on lui eût annoncé que le feu venait de prendre à son palais. Depuis quatre ans, il avait été en dehors de toute relation avec cette puissance voisine, puissance avec laquelle il avait lutté d'abord avec assez de bonheur, et de laquelle, par conséquent, il ne pouvait attendre un message bien amical. Lorsque les princes s'écrivaient alors ou s'envoyaient des ambassadeurs, c'était bien plus souvent pour se déclarer la guerre ou se plaindre de quelques griefs que pour se complimenter ou s'envoyer des présents. Aussi Étienne n'augura rien de bon de ce rapprochement inattendu, et il eut besoin de recueillir toute la force de son génie militaire pour faire bonne contenance.

Le chef de l'ambassade était précisément le jeune homme outrecuidant qui avait élevé la voix d'une manière si présomptueuse dans la chambre de Sibylle, et qui, par des paroles aussi acérées que le tranchant d'une épée, avait partagé en deux le courroux du prélat.

Trois gentilshommes de la cour de Lorraine suivaient le jeune homme, et se tinrent modestement à ses côtés tandis qu'il prenait ainsi la parole :

— Nous nous présentons devant votre éminence de la part du noble Ferri de Bitche, duc de Lorraine et marquis.

Son Altesse demande qu'il vous plaise rétablir les forteresses de Vic et de Moyenvic, que vous avez prises et démolies sous le règne du très-redouté duc Simon II, et que vous les lui remettiez entre les mains, aussi bien que les terres et les seigneuries qui en dépendent.

Le même duc Ferri vous déclare par ma bouche qu'il prend sous sa sauve-garde et protection la famille de Salm et tous les biens qu'elle possède. Il exige en conséquence que vous retiriez sans délai les troupes qui, sous votre commandement, assiégent le château de Pierre-percée et en dévastent les domaines.

Sur le premier article de ce message, son Altesse le duc de Lorraine et marquis vous accorde un mois pour délibérer. Sur le second, son Altesse ne vous donne que jusqu'au coucher du soleil. Si à cette heure vous n'avez point scellé et expédié l'ordre de lever le siége, j'ai mission de vous déclarer, de la part du duc de Lorraine et marquis, une guerre prompte, immédiate et à outrance.

Voici les deux articles de mon message scellés du propre sceau du duc. —

En même temps le jeune homme déposa sur la table un parchemin qui contenait mot pour mot ce qu'il venait de faire entendre. Un sceau d'une énorme dimension, où les trois alérions étaient peints en relief, s'y joignait en témoignage de vérité.

Étienne répondit :

— Mais quel intérêt le duc de Lorraine prend-il à une famille à laquelle j'étais loin de supposer qu'il s'intéressât? Cette famille, vous le savez peut-être, affecte une indépendance et une fierté d'idées qu'il était de mon devoir de ne pas tolérer plus longtemps. On dit même qu'elle a des projets de félonie, et que les comtes de Salm cherchent à se rasseoir sur le trône d'Allemagne (23), que leur aïeul a perdu. L'empereur Conrad lui-même a conçu des soupçons sur leur fidélité : c'est pour cela qu'il m'a soutenu dans cette guerre. D'un autre côté, ces seigneurs ont fait preuve d'irréligion et d'impiété, parce qu'ils ont marché sur les priviléges du clergé en enlevant aux moines de Senones le droit exclusif de pêcher dans la rivière de Plaine. Il y avait dix ans que l'abbé Humbert me tendait les bras pour que je vinsse modérer l'humeur altière de ces petits tyrans.

— N'insultez pas cette famille, noble évêque, surtout en présence de celui qui est ici pour défendre son honneur et ses droits. Celui-là est un lâche qui injurie les absents. Traître est celui qui accuse de félonie la maison de Salm ! Traître est celui qui a fait concevoir à l'empereur des soupçons sur sa fidélité ! Traître est celui qui voudrait que, pour prix de la protection qu'elle a accordée aux moines dans les temps mauvais, elle courbât servilement la tête sous la houlette d'un abbé qui ne sait pas même régir son monastère.

— Mais êtes-vous de noble sang, jeune homme, pour me parler sur ce ton ?

— Évêque de Metz, vous l'avez dit, je suis de noble sang, car je descends d'un empereur. Je suis Henri de Salm, comte de Pierre-percée, fils d'Agnès de Langstein et frère du comte Herman. —

Tout le sang d'Étienne refoula vers son cœur, et il fut près de trois minutes sans pouvoir articuler une parole, tant cette rencontre lui parut singulière et jeta de désordre dans ses idées. A la fin, il fut assez maître de son émotion pour continuer ainsi :

— Vous êtes Henri de Salm! cela est impossible. Par quel stratagème.....? En quittant les montagnes, j'ai laissé Henri de Salm enfermé dans le château de Pierre-percée.

— Néanmoins me voici..... Reconnaissez celui qui, lorsque vous étiez seul, il y a onze mois, vous rencontra, seul aussi, dans les bois de *Marie-Fontaine*, vous renversa de cheval et disparut dans les sapins, parce qu'il ne voulut point abuser de sa force et enfoncer sa lance dans le sein d'un chef de l'Église. Avouez que celui-là n'est point impie qui respecte le caractère épiscopal dans son ennemi. Avouez que l'on peut être religieux et ami du sacerdoce quoique l'on ait marché sur les priviléges du clergé et que l'on ait péché dans la rivière de Plaine.

— Cela est vrai...... Tu es un ennemi généreux, et je commence à reconnaître l'injustice de mes préventions. Je ne pouvais comprendre quel avait été le mortel assez hardi pour m'attaquer, et assez généreux pour m'épargner après m'avoir vaincu. J'étais tenté d'attribuer cette rencontre à un maléfice. Je vais sceller l'acte qui ordonne la levée du siège,...... parce que je suis sur le point de prendre la croix.

CHAPITRE 13.

Henri de Salm à Nancy.

Nous avons cru devoir anticiper sur les événements de notre histoire, pour ne point déloger de Marsal. Maintenant, pour renouer les faits, il est nécessaire que nous jetions un coup d'œil en arrière, et que nous ramassions le fil que nous avons laissé tomber sur la route de Rambervillers, au moment où Mathieu de Lorraine reçut le coup mortel de la main de son neveu.

L'hospitalité fut accordée à notre héros dans le manoir seigneurial de Philippe de Gerbéviller ; mais il ne lui fut point donné de voir la face de la personne vers laquelle son imagination attendrie avait couru toute la journée. La noble famille sur laquelle s'était étendue une double tache de sang, comme un voile de douleur, était trop enveloppée dans son deuil pour qu'il fût permis à un regard étranger de pénétrer jusqu'à elle. Le lendemain, on se remit en route sans que la duchesse de Lorraine et sa fille sussent même qu'un chevalier de la maison de Salm fût à leur suite.

Déjà le jour commençait à baisser, et l'on avait franchi la légère montée qui se trouve au-delà de la petite ville de Saint-Nicolas. Cette ville, qui n'était alors qu'un chétif village annexé à la paroisse de Varangéville, et au milieu de laquelle ne se voyaient point encore ces tours majestueuses qui sont comme un élan continuel du cœur de la Lorraine vers le ciel,.... cette ville possédait déjà néanmoins les reliques du saint évêque de Myre, auquel elle doit son nom et sa célébrité. Presque tous les jours de nombreux pèlerins y affluaient de toutes les parties de l'Europe, et venaient y déposer leurs offrandes sur l'autel de saint Nicolas. Déjà on voyait appendues, le long des murs de la sainte chapelle, d'énormes chaînes qui témoignaient que, par l'intercession du Bienheureux, plusieurs captifs avaient recouvré leur liberté, et d'autres *ex-voto* encore d'un genre moins noble, qui attestaient, sinon des prodiges d'un ordre éclatant, au moins la ferveur et l'enthousiasme de la dévotion populaire. La duchesse Ludomille et sa fille Judithe auraient cru commettre un sacrilége si, en passant dans ce modeste bourg, elles ne s'étaient agenouillées devant le précieux reliquaire. Ludomille avait prié pour la prospérité de la Lorraine et pour la gloire de son époux, Judithe pour le repos de l'âme de son oncle Mathieu, immolé à un barbare ressentiment ou à une politique plus barbare encore. Elle avait même murmuré tout bas le nom d'Alix, suppliant la bonté divine de ne point entrer dans un compte trop rigoureux avec la jeune défunte ; et le chevalier de Salm, qui était à trois pas de la suppliante, avait vu sa poitrine se soulever et ses yeux se mouiller de larmes, au moment où, prête à quitter les dalles où elle était agenouillée, elle avait prononcé lentement et à voix basse un double *requiescant in pace*. Au sortir de la chapelle, Henri s'était trouvé sur le passage des dames et avait présenté l'eau bénite à la duchesse et à sa fille, et sa main avait légèrement tremblé en touchant le bout du doigt de la noble demoiselle.

Déjà, disions-nous, le jour commençait à baisser, et l'on avait gravi le côteau qui se trouve au-delà du bourg de Saint-Nicolas. Déjà Nancy, quoique capitale informe, étalait dans le lointain et le dôme de ses palais, et la majesté de ses clochers, et son attitude imposante comme celle d'une princesse qui s'avance vers de hautes destinées. Le soleil dardait ses derniers rayons sur la tête verdâtre de la côte Sainte-Geneviève, et se mirait encore çà et là dans les eaux silencieuses de la Meurthe. La duchesse Ludomille chevauchait à côté de son fils, qui paraissait avoir un entretien très-animé avec elle. Un peu en arrière, Judithe retenait légèrement la bride de son palefroi, et paraissait avoir le dessein très-prononcé de ralentir le pas. Une fois ou deux, elle retourna la tête, puis elle fit signe à une de ses femmes de s'avancer.

— Edda, lui dit-elle, quel est le chevalier étranger qui est venu de Saint-Dié en la compagnie de mon frère?

— Noble demoiselle, répondit la suivante, je n'ai point vu de chevalier étranger si ce n'est un chevalier montagnard qui a l'air très-rêveur, et qui, depuis Gerbéviller, n'a discouru avec personne. Je le croirais un chevalier discourtois et peu ami des dames, si son maintien modeste et sa bonne mine ne prévenaient en sa faveur. Image et moi, nous avions supposé que le jeune homme est allemand, et qu'il venait prier saint Nicolas de lui accorder heureuse chance de femme. Mais le voilà qui est à la suite des hommes d'armes comme auparavant, et je ne sais plus quoi penser sinon qu'il vient polir ses mœurs à la cour de votre père.

— Puisque ce personnage vous a intriguées, vous et Image, reprit la princesse en affectant un air d'indifférence, je veux qu'il s'approche et que nous sachions si au moins il connaît la langue du pays. Dites à un de mes écuyers de s'arrêter pour l'attendre, et de lui annoncer que nous avons le désir de l'entretenir pendant quelques minutes. —

Pendant que l'écuyer s'acquittait de sa commission, Judithe rejetait en arrière les boucles de ses longs cheveux noirs, que l'agitation de la marche avait trop rapprochées de sa figure, et elle portait machinalement les doigts à sa ceinture, comme pour s'assurer qu'elle ceignait sa taille avec autant de grâce qu'à l'ordinaire.

Dès qu'elle entendit le trot d'un cheval, elle se retourna majestueusement, en faisant manœuvrer son palefroi avec toute l'adresse et l'agilité qu'aurait pu déployer un chevalier habitué à paraître dans les tournois, ou une amazone accoutumée à voler dans les combats. Judithe avait à peine seize ans : sa taille était grêle ; sa figure, d'une blancheur éclatante et d'un aspect presque maladif, n'annonçait pas qu'elle fût d'une constitution bien robuste; mais elle était adroite dans tous les exercices qui convenaient à une jeune personne de son rang, et ce qu'elle avait de pâleur dans le teint était racheté par une expression si noble et par des traits d'une délicatesse si prononcée, que sa beauté allait à l'âme et n'avait presque rien de matériel. Elle avait une de ces physionomies parlantes dont la nature se montre si avare, et qui font que toute la beauté de l'âme se dessine dans les formes du visage, comme à travers un voile de chair. Il était presque impossible d'aimer Judithe par les sens; mais il était impossible à une âme douée d'un discernement profond de ne point se laisser entraîner vers elle par un sentiment d'une nature beaucoup plus douce. Judithe n'était ni coquette ni disposée à échanger des paroles avec le premier chevalier qu'elle rencontrait sur la route; mais, par un effet de sa rare sagacité, elle avait démêlé, en sortant de la chapelle de saint Nicolas, tout ce qu'il y avait de générosité et de grandeur de caractère dans l'âme de notre Henri.

— Chevalier, lui dit-elle lorsqu'il fut à portée de l'entendre, vous nous pardonnerez, je pense, si nous avons interrompu le cours de vos réflexions silencieuses. Mes femmes m'ont dit que vous êtes étranger; d'où j'ai conclu que vous pouvez avoir besoin d'un appui quelconque en arrivant dans ce pays. Si la protection d'une jeune fille comme moi n'était point pour vous chose à dédaigner, je ne hésiterais point à vous l'offrir.

— Madame, répondit Henri avec une aisance qui ne coïncidait point avec les conjectures d'Edda, je ne suis pas né dans les états de votre père ; mais j'ai été, pendant plusieurs années, à la cour du très-honoré duc Simon. Votre protection, que vous m'offrez d'une manière si gracieuse, est précisément la chose du monde que j'ambitionne le plus dans les circonstances où je me trouve. Déjà j'aurais eu l'honneur de vous aborder, si l'admiration que votre personne m'inspire ne m'eût tenu à une distance respectueuse.

— Eh bien, chevalier, mettez votre cheval de front avec le mien : nous en causerons plus à l'aise..... Edda, restez un peu en arrière. Le pas de votre coursier est lourd, et soulève des flots de poussière qui m'incommodent. Dites à Image que je n'aurai plus besoin de son service avant notre arrivée. —

Et voilà notre chevalier voyageant de front avec la personne qu'il avait à peine osé suivre de loin. Pendant plus de cinq minutes, il lui fut impossible de commencer une phrase, tant son âme était abîmée dans les délices de cette rencontre. Il ne pensait plus au château de Pierre-percée, il ne pensait plus au désastre imminent de sa famille; ou plutôt il ne pensait point : il sentait. Un avenir indéfinissable de bonheur lui semblait éclore de cette première entrevue, si obligeamment amenée. Il était, pour la première fois de sa vie, dans un de ces moments rares où l'âme met toute sa félicité dans la jouissance du présent, et il eût voulu que ce moment durât un siècle. La nature, douce et calme comme l'être majestueux dont elle est l'image, semblait en harmonie avec cette scène de mystérieux amour; et Judithe elle-même ne paraissait point empressée à rompre le silence. A la fin, elle prit sur elle d'ouvrir la conversation par ces mots :

— Chevalier, vous allez à la cour de mon père?

— Oui, noble dame, répondit Henri; et, sortant de son extase, il expliqua à la jeune princesse le but et la nécessité de son voyage. Il dit son nom, il dit les dangers de sa famille, il dit les angoisses de sa mère et les terreurs de la pauvre Mathilde. Cette fois il devint éloquent, et il ne tarda point à s'apercevoir qu'il excitait au plus haut degré l'intérêt et la sollicitude de sa belle auditrice. Elle trépignait sur son coursier, elle semblait hâter le pas, comme pour accélérer le moment de la délivrance. Puis elle regardait attentivement notre héros, elle suivait tous ses mouvements, elle épiait jusqu'au moindre de ses gestes ; et tous les soucis du jeune homme se reflétaient sur la physionomie candide de la jeune fille, comme les balancements du saule ou du tremble se reproduisent dans le cristal d'une onde argentine.

Quand Judithe eut tout appris, elle demeura, à son tour, dans une rêverie silencieuse, au bout de laquelle elle laissa tomber ces mots.

— Chevalier de Salm, laissez-moi conduire votre affaire. J'ai peur que, par trop d'empressement ou faute de connaître le caractère et les sentiments de mon père, vous ne la gâtiez. Vous serez reçu dans le palais ducal. A votre arrivée, un varlet aura l'ordre de vous conduire dans un appartement où j'exige que vous vous teniez en repos jusqu'à ce que je vous fasse connaître qu'il est temps de vous présenter devant mon père. Je l'exige, entendez-vous ? et vous devez comprendre que je ne prends avec vous ce ton d'autorité que pour procurer votre bonheur. Henri, j'épouse les intérêts de votre famille, j'épouse les vôtres :

gardez le secret, et ne gâtez rien par une promptitude inutile. —

A ces mots, la jeune princesse fit exécuter à son palefroi une manœuvre qui la mit en face de notre héros; puis elle lui fit un signe de tête en forme d'adieu. Ce qui plut davantage à Henri, c'est que ce signe de tête fut accompagné d'un gracieux sourire, et d'un regard pénétrant qu'il n'aurait point voulu échanger pour un regard d'ange. Et Judithe mit son cheval au trot jusqu'à ce qu'elle eût rejoint la duchesse Ludomille.

Il y avait près de trois jours que Henri attendait avec la plus grande anxiété les ordres de la princesse. Depuis son arrivée il n'avait osé sortir de la chambre qu'il occupait dans le palais ducal, dans la crainte de se trouver absent au moment où on l'inviterait à passer chez le duc. Deux varlets en brillant costume le servaient avec le plus grand respect, et avaient soin de lui apporter, à des heures réglées, tous les mets et tous les rafraîchissements dont il pouvait avoir besoin. Ce long silence commençait à l'inquiéter, et il se repentait presque d'avoir donné toute sa confiance à une jeune fille bien intentionnée sans doute, mais dont la prudence ou l'activité, ces deux leviers des grandes entreprises, pouvaient se trouver en défaut. Il se reprochait presque d'avoir sacrifié le salut de sa famillle à un entraînement d'amour. Puis venaient des réflexions tardives sur les conséquences de cet amour même, auquel il s'était livré si impétueusement d'abord. Était-il bien permis à un chevalier de son nom, et dont la maison était chancelante sur les bords de l'abîme, d'aspirer à la main de la fille du puissant duc de Lorraine, de ce glorieux vassal de l'empire, dont il venait humblement implorer la protection ? Pourquoi la fortune, se disait-il, ne m'a-t-elle point mis au niveau de cet être angélique ? Pourquoi suis-je obligé de venir mendier du secours à la cour de Ferri, lorsque je voudrais pouvoir mettre un diadème sur la tête de sa fille ? Et Judithe elle-même voudra-t-elle bien croire que le rocher de Pierre-percée soit un trône digne d'elle ?

Sur la fin du troisième jour, un gentilhomme de la chambre du duc vint inviter Henri à le suivre chez ce prince, en ajoutant que, après avoir rendu ses hommages à son Altesse, il serait admis à faire une visite aux dames. Ce fut avec un tremblement inexprimable qu'il accompagna le chambellan, et qu'il le suivit à travers les longues galeries qui aboutissaient à l'appartement de Ferri. Heureusement le trajet était assez long pour qu'il eût le temps de se remettre et de reprendre un peu d'aplomb.

Le duc Ferri donna à peine à Henri le temps d'exprimer son respect, et il lui ferma la bouche lorsqu'il vint à lui expliquer le motif de sa visite. — Tout est résolu, lui dit-il avec un accent de bonté auquel Henri ne s'attendait point. Tout est résolu: vous partez demain pour Marsal, où Étienne de Bar est arrivé depuis quelques jours. Vous serez vous-même notre ambassadeur près de ce prélat. Nous avons pris connaissance des raisons qui l'ont déterminé à vous déclarer la guerre. Nous savons quelle a été votre longue et vigoureuse résistance. D'un autre côté, nous avons à nous plaindre nous-même de la conduite de l'évêque de Metz. Lisez ce que nous avons résolu de lui mander par votre bouche. Il faut que cet évêque guerrier apprenne qu'il y a près de lui une puissance qui est capable de lui résister et de réprimer son ardeur martiale. S'il aime tant à guerroyer, qu'il aille guerroyer en Palestine. Là il pourra acquérir de la gloire en véritable héros chrétien. Mais il est résolu que dans les limites de notre marquisat il n'affamera plus les castels, s'il ne veut avoir à lutter avec les forces que la divine Providence a mises entre nos mains. Nous lui ferons comprendre que nous ne portons point en vain l'épée de marquis. Elle nous a été donnée par l'autorité impériale afin que nous terminions par notre médiation ou par le glaive les querelles qui s'élèveront entre les hommes nobles depuis la Meuse jusqu'au Rhin. Si l'évêque Étienne a profité de la faiblesse du gouvernement de notre prédécesseur, avec qui cependant nous savons que vous avez fait la guerre, il ne trouvera pas la même indulgence sous le nôtre. D'ailleurs la maison de Salm est d'une noblesse assez ancienne pour que nous armions en sa faveur, et que nous ne la laissions pas s'éteindre sous les coups de son ennemi. Votre aïeul n'a-t-il pas tenu le sceptre d'Allemagne, et madame sainte Cunegonde, épouse de l'empereur Henri III, auquel il a été appelé à succéder, n'était-elle pas sa tante paternelle ? Et les comtes de Luxembourg, dont vous descendez, n'ont-ils point contracté plusieurs alliances avec les fondateurs de notre maison ? Et Giselle, fille de Gérard d'Alsace, n'a-t-elle point épousé Conrad de Luxembourg, votre grand-oncle ? Allez donc trouver Étienne de Bar, et expliquez-lui formellement nos intentions. Demain, vous disais-je, vous partez avec deux gentilshommes attachés à notre service. Revenez ici promptement avec la réponse du cardinal. Faites les apprêts de votre départ, et de ce pas allez remercier la duchesse et ma fille de l'intérêt qu'elles vous portent. —

Le cœur de Henri bondissait de joie : il baisa affectueusement la main du duc, et il prit congé de lui pour aller chez Ludomille.

Un banquet splendide était préparé chez la duchesse pour la réception de notre héros. Judithe était là, belle et resplendissante de parure comme dans un jour de fête. Henri fut obligé de se mettre à table à côté de sa jeune amie, dont les paroles et les regards exprimaient toute la satisfaction d'un triomphe. — Nous avons rencontré des obstacles, dit-elle à notre Henri ; mais nous avons eu le pouvoir et l'adresse de les surmonter. Mon père n'entreprend rien sans les conseils de ma mère, et c'est elle d'abord qu'il a fallu vous rendre favorable. Je lui ai expliqué les dangers de votre famille et le dévouement dont vous avez fait preuve. Pardon seulement si nous vous avons laissé dans l'inquiétude pendant trois jours. Il a fallu ce temps pour préparer les voies à votre ambassade. A votre retour, lorsque vous aurez vu mon père, venez me rendre compte personnellement du résultat de votre démarche. Si elle est heureuse, espérons qu'elle sera le prélude d'évènements plus heureux encore. —

Nous avons vu dans le chapitre précédent qu'Étienne fut obligé de rabaisser sa fierté devant les paroles pleines de courage et de grandeur que lui fit entendre notre héros. La raison est toujours grande lorsqu'elle se trouve en face de l'erreur, de l'ignorance et des préjugés ; mais elle est doublement puissante lorsqu'elle a la force pour auxiliaire et qu'elle parle au nom des grands de la terre.

CHAPITRE 14.

La Pierre-à-Cheval.

Il est, à l'orient de Pierre-percée et non loin du château de Damegalle, une roche qui l'emporte sur toutes les roches du pays par la singularité de sa forme et par l'éclat de son site. Assise sur le sommet d'un mont, comme un oiseau sur son nid, elle élève majestueusement la tête au-dessus de la masse de sapins qui l'environne, et elle semble jeter sur toute la contrée un regard d'aigle. On a donné à cette roche le nom de *Pierre-à-Cheval*, parce qu'elle se compose de deux blocs bien distincts, l'un inférieur et formant comme une colonne compacte sur laquelle repose un entablement d'un carré presque parfait qui la déborde dans plusieurs sens. Cet entablement n'a que quelques toises de superficie; mais la roche, prise dans sa totalité, est d'une élévation étonnante mesurée sur les devants, tandis que, sur les derrières, elle s'accroupit sur le sommet de la montagne, où elle n'offre qu'un rebord à hauteur d'appui. La nature, qui ne veut jamais perdre aucun moyen d'être admirée, a voulu que ce point culminant fût d'un accès facile à quiconque serait conduit là par l'amour de la solitude, ou par le désir d'embrasser d'un seul coup d'œil un pays riche en points de vue magnifiques.

Peu de jours après qu'Étienne de Bar eût quitté Damegalle pour se rendre à Marsal, on voyait sur le sommet de la Pierre-à-Cheval une table d'une médiocre étendue, autour de laquelle étaient rangés symétriquement quatre siéges recouverts de mousse. De longues perches, façonnées avec de jeunes sapins à moitié ébranchés, étaient fixées, en plusieurs endroits, dans les crevasses du rocher. A ces perches, dressées en forme de supports, on avait adapté d'autres perches transversales auxquelles étaient attachées des toiles que le vent agitait comme des toiles de navire, et qui étaient destinées à protéger la superficie du rocher contre l'ardeur du soleil. On avait eu soin que ce dôme temporaire, qui dominait la cime des sapins environnants, n'enlevât rien à la majesté du coup d'œil, et que le côté antérieur du rocher restât ouvert dans toute sa longueur. De ce côté on voyait, à une demi-lieue de là, le château de Pierre-percée assis sur sa longue base de pierre. On voyait ses murs crénelés, sa toiture grisâtre, et la superbe majesté de son donjon menacé par tant d'hommes. On voyait les troupes de l'évêque de Metz se déployant à ses pieds comme un vaste cordon, et formant comme une ceinture noire autour du monticule assiégé. Sur la plate-forme où est maintenant situé le village de Pierre-percée, on voyait la fumée du camp et une multitude innombrable de tentes. A côté de ces signes de guerre, et à une distance plus rapprochée, la nature se déployait mâle et austère, comme si, par son silence et la rigidité de ses formes, elle eût voulu désapprouver la convoitise et la turbulence des hommes. Une forêt immense de sapins se déroulait aux pieds mêmes de la Pierre-à-Cheval, et allait se perdre, de côteaux en côteaux, jusqu'à la vallée profonde de Chararupt, d'où elle se relevait, comme la pensée affaissée d'un puissant génie, jusqu'à la montagne d'Artimont, dont elle environnait la crête arrondie. A droite, en s'avançant avec précaution sur les bords du rocher, on pouvait entrevoir, à une distance très-rapprochée, les murs noircis du château de Damegalle et ses sinistres tourelles. De ce sommet élevé, où l'on semblait nager sur le balancement des arbres, l'on n'entendait aucun bruit, si ce n'est le croassement rare des corbeaux, les cris perçants du geai, et le craquement des sapins qui s'entre-choquaient dans l'air, comme pour se disputer l'espace, lorsqu'un vent léger venait à secouer leurs tiges, ou à se jouer dans leurs chevelures entrelacées.

En arrière du rocher, et sur la plate-forme du mont, on voyait plusieurs cuisiniers et valets se mouvoir avec empressement autour d'un grand feu alimenté par des troncs d'arbres entiers et par des branches de sapins secs. On dépeçait un cerf, on plumait des gelinottes, hôtesses naturelles de ces bois. On voyait, épars sur la mousse, tous les attirails nécessaires à la confection et au service d'un excellent déjeûner. A ces apprêts et au mouvement que se donnaient les artistes culinaires, il était aisé de comprendre que des personnages d'un rang distingué avaient choisi, ce jour-là, le sommet de la Pierre-à-Cheval pour leur salle à manger.

Lorsque le soleil fut à peu près au milieu de sa course, on vit arriver Berthe accompagnée de son père, d'Arnou, comte de Hombourg, et d'un troisième personnage qui n'est point encore apparu dans les pages de notre histoire. Il avait l'air et le costume d'un dévot ermite, et il était en effet ce qu'il paraissait être, contrairement à bien des gens dont l'âme et les idées ne sont point à l'unisson du costume qu'ils ont adopté. Isembaut (c'était le nom du digne prêtre) avait été d'abord moine à Senones ; il était actuellement ermite à *la Mer*.

La Mer, que, par corruption, on a appelée *la Mey*, est un lac d'une médiocre étendue, situé dans les montagnes de la vallée de Celles, au-dessus du village de Vexaincourt. Ce lac a cela d'extraordinaire qu'il est d'une forme presque tout-à-fait ronde, et qu'il est situé au sommet d'une montagne. Il est d'une telle profondeur que le peuple a cru pendant longtemps que l'on ne pouvait y trouver de fond. Sa surface est noire, et d'un aspect tellement sinistre que l'on a cru ne pouvoir mieux faire que d'attribuer sa formation à un événement tragique. Une troupe de danseurs s'était réunie là, dit-on, un jour de Trinité, pour s'y livrer à des divertissements coupables. Au moment où la danse était le plus animée, la terre s'entrouvrit tout-à-coup sous les pieds des jeunes gens, la montagne affaissée les engloutit, et un lac s'est élevé sur le lieu même en mémoire du fait. Les plus crédules ajoutent que, si l'on pose l'oreille à terre sur les bords du gouffre, on entend encore le son des instruments et le piétinement éternel des danseurs. L'histoire comme on doit s'y attendre, ne rapporte rien de ces faits ; mais elle nous apprend que, vers l'an 1090, un moine de Senones, plus ami de la perfection que la plupart de ses confrères, obtint de son abbé la permission de se retirer dans ce lieu désert, et d'y construire une cellule. Pibon, évêque de Toul, vint lui-même faire la consécration de la petite église qui y fut jointe, et la dédia à *Notre-Dame de la Mer* (24). Cette dédicace eut lieu le jour de la Trinité, et fut sans doute accompagnée d'un grand concours de peuple. Depuis ce temps, ou peut-être dès auparavant, la fête de la Trinité a toujours été célébrée avec une dévotion extraordinaire dans ces montagnes. Tous les ans, la population de la vallée se rendait processionnellement au saint lac ; on voyait des familles faire quatre ou cinq lieues pour assister, avec toute la dévotion possible, à cette cérémonie religieuse. Ce n'est que depuis que la chapelle a été renversée, et que l'image de Notre-Dame de la Mer a été transportée dans l'église de Luvigny, que la foule des pèlerins se dirige dans ce village pour y porter le tribut annuel de ses offrandes, ou pour s'y livrer à toutes les joies et à toutes les dissipations qui accompagnent les rassemblements champêtres. Encore le lac de la Mer est-il loin d'avoir perdu le prestige qui l'environne depuis les anciens temps. Dans les moments de danger, on voit des villages entiers s'armer de la bannière paroissiale, et s'acheminer, à l'insu ou contre le gré de leurs pasteurs, vers la montagne de *la Mey*, pour y porter en triomphe l'image vénérée qu'ils regardent comme le refuge de toutes les angoisses et le *Palladium* de la vallée.

Le moine Isembaut ne partageait point l'animosité de ses confrères de Senones contre la maison de Salm. En véritable homme de Dieu, il savait apprécier une intention généreuse, et il aimait mieux la liberté des peuples, dont les comtes de Salm se déclaraient les protecteurs, que des droits asservissants établis en faveur d'un monastère par des chartes usées. Aussi nous avons vu dans le quatrième chapitre de cette histoire que le saint personnage avait prédit à Agnès de hautes et longues destinées pour sa race. Berthe avait connaissance de la sympathie que toute œuvre louable rencontrait dans le pieux anachorète; elle savait aussi quelle était l'affection qu'il portait dans son cœur aux nobles enfants d'Agnès. Elle l'avait invité à un banquet solitaire sur la Pierre-à-Cheval, afin de se concerter avec lui sur les moyens de les délivrer des horreurs de la famine.

Lorsque les quatre personnages dont nous

avons parlé furent en face de la roche, Arnou s'élança le premier, pour aider les autres à opérer la montée. Berthe fut en haut d'un seul bond, mais il fallut des efforts prolongés et des soins minutieux pour attirer son vieux père. L'homme de Dieu fit signe qu'il monterait sans le secours d'aucun bras, et, malgré son âge, il franchit la saillie avec assez de prestesse.

Aussitôt les viandes furent servies ; l'ermite invoqua le nom du Seigneur à haute voix, et sa parole sainte semblait voler dans les airs et se marier avec la gravité du site. Les quatre convives se mirent à table et firent honneur aux mets qu'on leur avait préparés. Un quartier de cerf fut mangé avec appétit, et la chair de gelinotte fut trouvée excellente. Plusieurs bouteilles d'un excellent vin furent vidées. Berthe avait eu soin de les faire tenir au frais dans les concavités du rocher. Peu à peu la gravité fit place à la franchise, et de la franchise il n'y a qu'un pas aux communications les plus importantes.

Sur la fin du repas, un léger coup de vent s'étant élevé et ayant agité la cime des sapins, le sire de Blâmont déclara qu'il ne pouvait rester plus longtemps sur ce roc aérien, que la tête commençait à lui tourner, qu'il ne faudrait qu'un coup de vent pour renverser la table, le plafond et les siéges, et qu'il ne pouvait songer qu'en tremblant que sa vie dépendait de la stabilité d'une pierre. Il se retira en annonçant qu'il allait faire un tour dans la forêt : ou plutôt on le descendit avec plus de précautions encore qu'on n'en avait pris pour le faire monter.

Alors Berthe crut la circonstance favorable pour l'ouverture de son projet.

Elle commença par amener la conversation sur le château de Pierre-percée.

— C'est une chose triste à penser, dit-elle, que nous goûtions tous les plaisirs de la table ayant sous les yeux un castel affamé. Je donnerais la moitié de la châtellenie de Blâmont, lorsqu'elle me sera obvenue par droit d'héritage, pour que toute la famille de Salm se trouvât réunie avec nous sur ce roc, et pour qu'elle participât aux joies de notre festin.

— Il faudrait que la roche s'élargît, répondit le comte de Hombourg, ou bien il faudrait que nous nous assissions sur les arbres.

— Nous pourrions recevoir ici quatre personnes de plus, répliqua Berthe, sans être obligés de nous asseoir sur les arbres. Pour ma part, je porterais volontiers Mathilde sur mes genoux, comme déjà je la porte sur mon cœur.

— C'est un sort fort heureux pour elle,

Madame, reprit le duc de Jéricho, et surtout fort à envier..... Il faut convenir que la châtelaine de Pierre-percée est charmante, et qu'elle mérite l'intérêt que vous lui portez. Elle est jolie comme une fille de Bethléem, suave et tendre comme une rose du Carmel. Sa vue embaume l'âme, et ses regards pénètrent les sens. Jamais je n'ai vu en Palestine de fille dont le maintien annonce autant de candeur. Si vous n'eussiez été là pour contrebalancer l'effet de ses charmes lorsque nous allâmes dans le manoir de sa mère, je crois que je me serais laissé prendre par la timidité de ses yeux, et par sa beauté aussi brillante que naturelle.

— Et vous auriez bien fait, reprit la fille du sire Ulric en portant un regard langoureux vers le donjon de Pierre-percée. Devenez son ami, et vous serez le mien ; devenez son protecteur, et vous aurez part à mon affection. Vous convenez du mérite et des perfections de Mathilde, et vous êtes du nombre de ceux qui la persécutent ! vous êtes du nombre de ceux dont les démarches ne tendent qu'à la faire mourir de faim ! Si sa famille ne vous intéresse point, du moins que le sort de cette noble enfant vous touche..... Voyons, chevalier de la Palestine : vous ne dites rien. Prenez une résolution généreuse, et dites : Mathilde ne périra point, puisque la Providence a mis sa destinée entre mes mains.

— Vous ne me conseillez point sans doute, Madame, de forfaire à l'honneur et de laisser pénétrer des vivres dans le château de Pierre-percée. J'ai été chevalier loyal en Palestine, et je le serai ici comme ailleurs.

— Je ne vous conseille point de laisser pénétrer des vivres dans le château que vous assiégez; mais je vous conseille de consentir à l'évasion de Mathilde,..... d'y travailler même ; et en cela vous ne ferez qu'accomplir les devoirs d'un chevalier loyal et courtois.

— Noble Berthe, quand je voudrais faire évader Mathilde, je ne le pourrais pas ; et quand je le pourrais je ne le voudrais pas, parce que je doute qu'une action pareille puisse se concilier avec mes devoirs militaires. J'ai fait la guerre en Palestine......

— Laissons la Palestine, sire chevalier de Jéricho : nous sommes sur le sommet de la Pierre-à-Cheval, à quatre lieues de Blâmont..... Seigneur Arnou, et non plus chevalier de la Palestine (parce qu'ici je ne plaisante pas), vous pouvez sauver Mathilde, et je veux que vous la sauviez : je me charge de vous en procurer les moyens. Croyez-vous qu'il n'y ait pas plus d'adresse dans une tête de femme que dans toutes vos têtes ornées de casques et surmontées de banderolles? Une femme a vaincu le premier homme, même dans la Palestine, et une femme pourrait encore bien vous vaincre aujourd'hui....... Maintenant, que vous puissiez contribuer à l'évasion de mon amie sans forfaire à l'honneur ; que vous puissiez sauver une noble demoiselle des horreurs de la faim ou des dangers d'une honteuse captivité, sans cesser d'être un bon chrétien et un loyal chevalier comme vous l'avez toujours été ; c'est une question que je ne me permettrai pas de résoudre, parce qu'elle n'est point de ma compétence. Je pourrais dire néanmoins qu'en prenant l'épée vous avez fait vœu de protéger les dames, et de vous consacrer à la défense de leur vie, de leur liberté, de leur honneur. Je n'insisterai point sur la valeur de cet argument, parce que dans ma bouche il pourrait vous paraître fort suspect. Mais voici un homme de Dieu que j'ai fait venir exprès pour lever vos doutes et animer votre zèle. Allons, mon père, parlez au noble comte, et faites-lui comprendre qu'il est permis de faire une action généreuse sans être un traître.

L'homme mûri par le désert répondit en ces termes.

— Les lois de la guerre sont sacrées et inviolables comme le sont toutes les autres lois humaines. C'est-à-dire qu'elles obligent dans toute leur force et teneur toutes les fois qu'elles ne sont point en contradiction avec des lois plus hautes et d'un intérêt plus grave. Mais dès que les lois naturelles ou divines les combattent, elles deviennent nulles comme la clarté d'une bougie disparait devant l'astre du jour. Or, dans la circonstance présente, je vois deux lois ou deux devoirs en opposition, le devoir militaire, qui vous oblige de tenir resserrés Agnès et ses enfants dans leur forteresse, de manière à ce qu'aucun d'eux ne s'échappe ; et le devoir de l'humanité, de la justice et de la charité, qui vous défend de participer à aucune injustice. Je veux qu'Étienne de Bar ait le droit de s'emparer par les armes de la demeure et des possessions des comtes de Salm. Vous comprenez, comte de Hombourg : c'est un point que je vous accorde, et non une vérité dont je conviendrai. Il n'a le droit d'attenter ni à leur vie, ni à leur liberté, ni à leur honneur, puisque ces seigneurs n'ont commis aucune faute assez grave pour mériter un pareil châtiment. Ainsi, noble comte, vous pouvez et vous devez, par tous les moyens possibles, faciliter l'évasion, non-seulement de Mathilde, qui.... je la connais.... mérite les égards et la protection d'un courtois chevalier comme vous l'êtes ; mais encore de sa mère, de ses frères et de toutes les personnes de leur suite, parce que, encore une fois, Étienne de Bar n'a aucun droit ni sur leur liberté ni sur leur vie. —

A ces mots, Berthe tomba aux genoux de l'ermite, et elle les embrassa, en s'écriant avec l'accent de la plus haute reconnaissance :

— Homme de Dieu, vous n'êtes donc point de ces prêtres cruels qui font marcher leurs volontés et leurs projets tyranniques avant la volonté de Dieu même. Bénie mille fois soit la religion qui produit de tels ministres et qui vous a inspiré de tels sentiments ! Ne vous éloignez pas, mon père : je veux embrasser en vous un digne représentant du Christ ; je veux aspirer à vos pieds toute l'odeur de la charité qui vous enflamme. —

Ce transport de Berthe fit beaucoup plus que les argumentations de l'ermite. Arnou ne put y tenir, et il promit de faire tout ce qui serait en son pouvoir pour la délivrance de la famille de Salm.

— Maintenant, mon père, continua Berthe en demeurant toujours aux genoux d'Isembaut, je ne me releverai point que vous ne m'ayez accordé une grâce.

— Parlez, ma fille, répondit le saint homme : le Seigneur vous a donné le don de la force et celui de l'intelligence.

— Lorsque les comtes de Salm auront brisé les liens de leur captivité, car je ne doute pas que, par la bonne volonté que manifeste le comte Arnou et par le secours de vos prières, nous n'arrivions à ce bonheur,..... erreront-ils de montagne en montagne, privés de tout secours et manquant des choses les plus nécessaires? Vous ne le voudrez pas, mon père : votre charité est trop grande ! Je demande que vous leur donniez un abri dans votre cellule, et que vous rompiez avec eux le pain de votre table. Je mettrai à votre disposition l'argent nécessaire pour fournir à leurs besoins, et pour améliorer le sort de ma jeune amie.

— Votre volonté sera faite, noble dame. Je bénis le créateur de toutes choses de ce que, dans mon désert et dans ma pauvreté, il me permet d'être utile aux grands de la terre. —

La séance ainsi terminée, on descendit du rocher. On rejoignit le bon Ulric, qui faisait le tour de la longue et large plate-forme qui couronne la montagne, et dont la Pierre-à-Cheval semble être le principal rempart. Il s'étonnait que l'on n'eût point choisi ce point culminant, et retranché presque partout par des pointes de rochers, pour y asseoir un castel, préférablement au point beaucoup moins élevé et moins spacieux où l'on avait construit Damegalle. — Ce lieu serait imprenable, disait-il, pour peu que l'art vînt au secours de la nature. Avec cinq ou six cents hommes on en écraserait dix mille qui tenteraient de forcer cette esplanade. La coupe de la montagne est très-large, à la vérité, et les troupes qui y seraient assiégées auraient besoin de se déployer sur un vaste cordon pour résister à une attaque ; mais aussi le blocus serait beaucoup plus difficile à exécuter, et l'on courrait peu le risque d'y être affamé. Je remarque de plus que le lieu, loin d'être aride, donne tous les signes d'une végétation vigoureuse. Ce serait une ressource de plus pour les hommes et les animaux qui seraient obligés d'y faire une résidence forcée.

— Je remarque, dit l'ermite, que le Créateur, en façonnant ces contrées, semble avoir eu le projet d'y amener des guerres semblables à celles dont nous sommes aujourd'hui les témoins ; et la nature, qui n'a pas voulu que l'homme en fît tous les frais, a préparé des lieux où il lui fût aisé de se défendre contre ses oppresseurs. Voyez cette pointe de rocher située à l'angle de la montagne. N'est-ce point un bastion naturel mieux construit que tous les bastions les plus solides ? n'est-ce point là la place d'un archer chargé de repousser l'ennemi sur deux côtés différents ? et ne voilà-t-il point le tronc d'un énorme sapin qui couvrirait son corps et le mettrait à l'abri de toute insulte ? Dieu est si bon qu'il a créé, il y a cinq mille ans, ce qui sera nécessaire aujourd'hui ou demain pour la défense de ses serviteurs, et qu'il a commandé à la nature, deux siècles d'avance, de produire l'arbre qui peut sauver la vie à plusieurs centaines d'hommes. —

Ces réflexions, faites avec un ton et un regard que la charité enflammait, ne furent point perdues pour Berthe. Tandis que son père considérait avec admiration la forme de deux roches parallèles qui n'étaient séparées que par un gouffre étroit que l'œil osait à peine mesurer; tandis qu'Arnou, oubliant sa dignité de duc de Jéricho, s'amusait à lancer des blocs de pierre et à écouter l'horrible fracas qu'elles faisaient en se heurtant contre les arbres, Berthe disait tout bas au généreux ermite :

— C'est ici, mon père, c'est ici qu'il faut que les comtes de Salm s'établissent lorsqu'ils auront quitté leur castel. C'est ici que je vous prie de leur envoyer du secours en vivres et en hommes.

Je vous remets cette bourse : faites en le meilleur usage possible. Que dans huit jours, dans huit jours au plus tard, Herman rencontre sur ce mont tous les secours qu'il vous sera possible de lui amener. —

L'ermite serra la main de Berthe, et la quitta en disant ces paroles :

— Noble fille de Blâmont, que le Seigneur soit favorable à vos désirs.

CHAPITRE 15.

Fuite.

Le grand jour de la Trinité venait de finir. Après le coucher du soleil, de sombres nuages s'étaient amoncelés sur l'horizon, et semblaient présager une nuit profonde. Quelques éclairs qui scintillaient dans le lointain ajoutaient à la majesté des ténèbres, en les coupant par masses et en y mêlant un éclat passager. C'est ainsi que quelques rayons d'espérance, partis d'un autre monde, viennent se jetter, comme une lumière acérée, sur la fin de la vie humaine, et rendent le tombeau même magnifique en y mêlant une teinte de vie.

Les troupes de l'évêque de Metz veillaient assiduement, comme à l'ordinaire, autour du manoir des comtes de Salm, en l'encadrant dans un vaste réseau dont il était impossible de délier les nœuds. Des piquets de cent hommes étaient placés de distance en distance, et entre chaque piquet veillaient des sentinelles assez rapprochées pour qu'aucun être humain ne pût impunément franchir la ligne sur laquelle elles étaient échelonnées. Tantôt le comte Renaud lui-même passait la nuit au milieu d'elles, pour veiller à l'exécution du service; tantôt il se reposait de ce soin sur Arnou, comte de Hombourg; et alors, après s'être assuré que toutes choses étaient dans l'ordre accoutumé, il retournait dans le vieux château de Damegalle, pour s'y livrer au repos. C'est ce qui était arrivé la nuit dont nous parlons.

Cette nuit, environ trois heures après le coucher du soleil, une clarté soudaine se fit apercevoir sur la Pierre-à-Cheval, et jeta un vif éclat sur les sapins d'alentour. Quelques minutes après, un signal du même genre parut sur le donjon du château de Pierre-percée. Les assiégeants s'étonnaient à la vue de ce double phénomène, et chacun cherchait à en expliquer la cause. Les uns prétendaient que c'était un incendie qui allait se manifester; les autres, que c'étaient les lutins ou les fées de ces montagnes qui faisaient leur apparition centenaire, et qui peut-être se concertaient sur les moyens d'exterminer les audacieux qui persistaient à semer la désolation et la terreur dans ces contrées. Quelques-uns même affirmaient avoir vu un génie de feu s'élancer dans les airs et prendre son vol de l'un à l'autre rocher. Les plus prudents redoutaient une attaque de quelque puissant seigneur ami de la maison de Salm. Déjà le bruit de la sortie de Henri commençait à se faire jour, parce qu'on ne le voyait plus, comme à l'ordinaire, paraître tous les matins sur les créneaux et jeter un regard de défi sur le camp des Messains. Tous étaient d'avis que quelque chose de nouveau se tramait (car le départ d'Étienne avait été diversement expliqué); et plusieurs en battaient des mains, car il n'y a rien qui répugne au soldat comme une vie monotone et sans danger. Tout genre de vie devient fastidieux lorsqu'il est constamment uniforme; et il l'est encore plus lorsqu'il n'est point assis dans les conditions naturelles du bonheur.

Arnou, qui connaissait seul le mystère du double feu, monta seul vers la tour, comme pour y faire une reconnaissance. Quelques jours auparavant il avait fait parvenir à Herman un billet signé de Berthe, et dans lequel la jeune Blâmontaise s'exprimait ainsi :

« Tenez-vous prêts pour le départ. Lorsque
« vous apercevrez un fanal sur la Pierre-à-
« Cheval, répondez-y par un feu pareil, et qu'à

« l'instant seize de vos archers se trouvent sur
« l'esplanade au pied du rocher. Quelqu'un les
« conduira où il sera nécessaire.

« Une heure après, un second signal vous
« sera donné. Répondez-y comme au premier,
« et qu'aussitôt toutes les personnes que vous
« désirerez sauver de la mort ou de l'esclavage
« descendent et se tiennent en silence près de
« la tour. Vous trouverez là un guide et un
« libérateur. »

L'éclat des feux ne dura que cinq minutes ; après quoi les vallons et les montagnes retombèrent dans l'obscurité accoutumée.

Lorsque le comte Arnou arriva sur l'esplanade, il y trouva les seize hommes d'armes que le seigneur Herman avait fait descendre. Il conduisit ces seize hommes jusqu'à la ligne des assiégeants, et là, à la faveur de l'obscurité, il les posa, comme sentinelles, à la place d'un pareil nombre de Messains qu'il releva de garde et qu'il renvoya dans le camp. Il avait jugé cette disposition nécessaire pour que personne ne soupçonnât la part qu'il allait prendre dans l'évasion des assiégés. En effet il ne pouvait dégarnir une partie de la ligne sans que cette manœuvre fût aperçue, par ceux-là du moins qu'il aurait renvoyés de leur poste sans les remplacer immédiatement par d'autres hommes. Arnou avait bien voulu se prêter aux projets de Berthe, mais c'était à condition que le service qu'il était chargé de commander ne recevrait visiblement aucune atteinte. Lui-même n'aurait pas eu sans doute assez de talents pour trouver ce stratagème de guerre (car nous avons vu que le comte de Hombourg, malgré ses quinze années d'exploits dans la Terre-sainte, avait naturellement assez peu d'idées), mais la jeune Blâmontaise le lui avait suggéré; et s'il ne fait pas beaucoup d'honneur au génie de l'inventrice, il est au moins une preuve manifeste de sa bonne volonté. Elle avait fait comprendre à Arnou que rien n'était plus facile que cette substitution d'hommes, attendu que les défenseurs du château de Pierre-percée avaient absolument le même costume et les mêmes armes que les Blâmontais amenés par son père.

Ainsi, sur une largeur d'environ six cents pas, les assiégés avaient pris la place des assiégeants et formaient une ligne fictive de surveillance à l'orient du castel.

Au moment fixé, la Pierre-à-Cheval s'illumina de nouveau, et la tour de Pierre-percée répondit à cet appel de salut. Pour la seconde fois, le camp des Messains s'ébahit, et chaque homme levait la tête vers le météore lumineux, comme pour en interroger la flamme..... La flamme fut discrète, car elle s'éteignit pour favoriser la descente de Herman et de ses hommes.

Cinq minutes après, toutes les personnes que renfermait le manoir se trouvaient pêle-mêle sur l'esplanade au pied de la tour, et attendaient le libérateur que Berthe leur avait promis. Bientôt Arnou se présenta, marchant sur le bout du pied et couvert d'un long manteau noir. Il disposa la troupe sur une seule et longue file, recommanda le silence le plus absolu, et ordonna qu'on le suivît. On descendit vers la base méridionale du rocher, on circula longtemps et à tâtons le long des nombreuses anfractuosités et des crevasses qu'il présente de ce côté. Après bien des terreurs, et bien des soins minutieux que l'on prit pour ne pas occasionner le moindre bruit, on arriva enfin au pied de la chapelle. Là Arnou se retourna, et attendit Mathilde, qui donnait le bras à sa mère. Il saisit affectueusement la main de la jeune châtelaine, et lui mit au doigt un anneau précieux, en disant :
— Noble fille des montagnes, souvenez-vous du chevalier qui vous remet cette bague ; elle a traversé les mers et touché la pierre du saint sépulcre. —

A peine eût-il achevé ces mots, qu'il s'esquiva pour rejoindre son camp.

Un nouveau guide sortit d'une des cavités du rocher, et se mit à la tête des fugitifs. C'était un homme noir depuis les pieds jusqu'à la tête, et on ne pouvait voir aucune partie de sa figure. A sa suite, on passa au milieu des sentinelles; et celles-ci, bien loin de sonner le cor d'alarme, livrèrent le passage et inclinèrent leurs armes devant leur redouté seigneur. Le plus profond silence était nécessaire en cette rencontre, et il fut observé. Herman marchait à la tête de se petite troupe, hélas! il faut le dire, singulièrement diminuée depuis son entrée au château. Sans compter les hommes que la faux de la guerre avait abattus, plusieurs y périrent, à ce qu'on prétend, consumés par la faim. Tous ceux qui restaient avaient un aspect pâle et caverneux, et pouvaient à peine soutenir leurs armes. Il est de fait que personne n'avait rien pris depuis deux jours: seulement Mathilde et sa mère s'étaient partagé un œuf dans la matinée; et sans la courageuse entremise de la fille du sire Ulric, Henri n'aurait probablement plus retrouvé que les cadavres des personnes de sa famille, lorsqu'il serait revenu planter l'étendard de Lorraine au pied du castel de ses pères.

Toutefois Agnès et Mathilde marchaient avec un courage assez heureux, quoique leurs pieds glissassent souvent sur le sol pierreux, et que le moindre heurt contre les cailloux pût trahir leur marche et compromettre leur vie. Si le soleil eût éclairé cette scène de péril, on aurait vu dans l'allure et l'attitude de deux personnes si unies par le cœur et l'esprit, des sentiments d'un genre et d'un effet tout opposés. On aurait vu Agnès de Langstein déployant toute l'énergie de son grand caractère pour repousser l'idée de sa disgrâce, et replier silencieusement sa tête vers sa poitrine, comme pour y trouver des forces; tandis que sa fille, portant l'espoir sur le front, et radieuse de courage comme on l'est au printemps de la vie, portait la tête haute et souriait contre le malheur, ce qui est, après tout, le vrai moyen de le mettre en fuite; car le malheur, semblable à un aigle sauvage, ne s'abat que sur ceux qui témoignent de la crainte, tandis qu'il épargne ceux qui le contemplent avec un œil fier ou avec le regard de l'innocence. On aurait vu la vieille comtesse tenant entre ses bras une vénérable statuette de saint Antoine, patron de sa chapelle et de ses domaines, et la presser pieusement sur son sein comme le *Palladium* de son toit et le refuge de ses enfants. On aurait vu Mathilde, au contraire, portant un écrin doré où se trouvaient ses propres bijoux et les richesses de sa famille. Elle n'avait point oublié les livres privilégiés de Henri, et elle en avait chargé un domestique, qui aurait préféré sans doute un fardeau moins lourd et plus commode.

Herman tenait en lesse ses deux dogues favoris. Les quatre autres, hélas! avaient péri sous le coutelas pour servir à de plus pressants besoins.

La petite troupe s'avança sans s'arrêter, et toujours avec les plus grandes précautions, jusqu'à l'entrée de la forêt. Là le conducteur noir fit une pause et permit à chacun de reprendre haleine. Puis, sans répondre à aucune question et sans vouloir même se faire connaître, il ordonna que tous se remissent en marche, et il les précéda dans les sentiers ténébreux de *Marie-Fontaine*.

Il était environ deux heures du matin lorsque l'on arriva au milieu d'un vallon étroit qui, dégarni d'arbres dans toute sa longueur, formait une longue clairière tapissée d'herbe fraîche et de plantes forestières qui pour lors étaient en pleine floraison. Herman connaissait le lieu, et il savait qu'il était à une distance assez rapprochée de Damegalle. Aussi commençait-il à suspecter la foi de son conducteur, et à craindre qu'il ne l'eût attiré dans un piége. Mais, à sa grande satisfaction, à peine eût-il fait les premiers pas dans ce vallon solitaire, qu'il aperçut, à la clarté de la lune, qui commençait à se montrer au-dessus des arbres, le gazon couvert de mets de différentes espèces, puis, à quelque distance, des manants qui s'avançaient en criant à demi voix : *Vive le comte Herman, vive notre bon seigneur !* La suite du comte ne put se contenir à cette démonstration, et à l'aspect soudain des mets. Chacun donc se mit à crier d'une voix que les échos de Chararupt répétèrent, et qui retentit jusque dans les souterrains de Damegalle : *Vive, vive le seigneur Herman ! Vive le seigneur châtelain de Pierre-percée !*

En ce moment, le saint ermite Isembaut (car c'était lui qui avait servi de guide) rejeta en arrière son capuchon, et laissa apercevoir les flots de sa barbe blanche, qui descendait jusque sur sa poitrine.

— Paix, paix mes enfants, s'écria-t-il ! Si l'ennemi dort, ne cherchons point à le réveiller. Souvenez-vous que nous ne sommes qu'à six cents pas de sa tannière. Il est vrai qu'il est peu à craindre en cet endroit, parce que ses forces sont ailleurs. Mais la prudence exige que notre retraite s'effectue dans le silence. Buvez et mangez, mes enfants : c'est ce que vous avez de mieux à faire à cette heure. Vous devez être épuisés par cette marche périlleuse et par les suites d'un long jeûne. Buvez et mangez, mais avec discrétion : voici ce que le Seigneur vous envoie. Celui qui a délié vos chaînes a aussi pourvu à votre subsistance ; et s'il est vrai de dire avec le psalmiste, *Dominus solvit compeditos, Dominus erigit elisos*, disons aussi dans toute l'effusion de notre reconnaissance, *dat escam esurientibus, et herbam servituti hominum*.

— C'est donc à vous, cher Isembaut, que nous sommes redevables de notre délivrance, s'écria Herman en se jetant au cou du dévot ermite.

— C'est à moi après Dieu, après Berthe, et après un noble chevalier dont vous apprendrez le nom, répondit l'homme de Dieu en abaissant la voix.

— Et en quel lieu votre intention et celle de Berthe est-elle que nous transplantions notre malheur ?

— Je vous ai déjà dit que l'affaire la plus pressée pour vous en ce moment est de prendre quelque nourriture. L'âme n'est guère capable de prendre une résolution fixe lorsque le corps chancelle. Voici mon âne qui est chargé de deux grandes jattes remplies d'un excellent vin. C'est un présent qui m'a été fait par mes confrères de Senones. Ces bons pères ne prévoyaient guère qu'il serait bu par les hommes qui ont usurpé le droit de pêche dans leur rivière. —

A ces mots, Isembaut fit approcher son coursier à longues oreilles, le compagnon de sa solitude, le témoin de ses courses et l'ami de sa vieillesse. La tradition dit même qu'ils couchaient ensemble dans la même cellule. Le pieux animal parut au milieu du cercle en secouant les oreilles, et en saluant la compagnie avec un braire affectueux. On s'empressa de descendre les jattes, et l'animal soulagé, ayant reçu de son maître un léger coup de main sur la croupe, alla prendre sa réfection à une distance honnête.

Ce fut le signal du repas. Tous s'accroupirent autour des mets, et l'ermite, comme un vigilant majordome, allait de groupe en groupe pour présider à la distribution des aliments, et pour pourvoir à ce que chaque personne reçût sa part du banquet. Il excitait les uns, il faisait entendre aux autres qu'il était dangereux, après de longues privations, de manger avec trop d'avidité. Une des deux jattes fut laissée à la discrétion des hommes d'armes subalternes, et il y en eut plus d'un qui prouva qu'il n'avait point perdu la louable habitude de boire à longs traits.

Lorsque l'ordre fut établi, l'ermite entraîna Herman, Agnès et Mathilde, dans un angle du vallon où il avait tenu en réserve un pâté de venaison et une cruche d'un vin de 1134. Là, en s'asseyant avec eux sur la verdure, et en ne se faisant point scrupule de rompre le jeûne qu'il s'imposait d'habitude, il fit à Herman le détail de tous les moyens que l'on avait pris pour le tirer des mains de ses ennemis. Il fit valoir, avant tout, la constante amitié de Berthe et la bienveillante intervention du comte de Hombourg. Il raconta que la veille, jour de la Trinité, il avait profité de la réunion des pèlerins autour du lac pour les engager à faire de généreux efforts pour la délivrance de leur seigneur assiégé. Il fit entendre qu'il avait excité au plus haut degré l'attention et le zèle de son auditoire, puisque tous les hommes capables de porter les armes, même ceux qui n'étaient point tenanciers de la maison de Langstein, avaient offert spontanément le secours de leurs bras. Il ajouta que lui-même s'était mis sur-le-champ à la tête de cinquante des plus dévoués, et qu'il les avait amenés, le même jour, à la Pierre-à-Cheval, chargés de provisions, d'armes, et d'outils de toutes les espèces. Il dit en-

fin que c'étaient ces mêmes hommes qui avaient allumé les signaux, et que, d'après ses instructions, ils avaient passé toute la nuit à creuser la terre et à élever des retranchements sur la montagne.
— Enfin, dit-il, c'est sur la croupe de la Pierre-à-Cheval que Berthe et moi nous avons résolu de vous mener, persuadés que, retranchés et munis de provisions comme vous allez l'être, vous pourrez vous maintenir longtemps dans cette position avantageuse. —

Herman approuva tout, loua tout, et se réjouissait en son cœur d'avoir été l'objet d'une si vive sollicitude de la part de la châtelaine de Blâmont. Cette admirable personne m'aime donc, se disait-il en lui-même, puisqu'elle a fait de si prodigieux efforts en ma faveur. Heureuses sont mes disgrâces, si elles m'ont valu le cœur et l'affection de celle que je préférerais sur la terre, s'il m'était donné d'y faire un choix!..... Herman ne se trompait point : dès qu'une femme naturellement douce et timide se jette dans l'intrigue et devient l'âme d'un complot, il est certain que cette femme a quelque chose dans le cœur, et bien sûrement ce n'est point de la haine.

Lorsque Herman eût terminé ses méditations sentimentales, il ouvrit un avis qui ne fut point goûté de l'ermite. — Puisque nous sommes près de Damegalle, disait-il, qui nous empêche d'aller attaquer à l'instant ce vieux castel, dont le voisinage a toujours été dangereux à notre maison, et d'en faire prisonniers les habitants? Il n'est pas douteux que, si une fois nous étions maîtres de la personne d'Étienne de Bar, la guerre serait finie, et que nous demeurerions paisibles possesseurs de notre domaine.

— Étienne de Bar, reprit l'ermite, n'habite point en ce moment les murs de ce château. Il est parti depuis douze jours pour régler quelques affaires de son diocèse. Renaud, son frère, y fait seul maintenant sa résidence avec Ulric et Berthe, et une poignée de gens. Mais voulez-vous attaquer la demeure de votre amie, de votre bienfaitrice, et risquer, dans le combat, de blesser son père? Croyez-vous que la jeune châtelaine ne serait point offensée de cette entreprise dont elle n'a point donné l'idée? et ne feriez-vous point mieux de vous rendre d'abord au poste qu'elle vous a choisi? —

Il y avait de fortes raisons en faveur de l'attaque que Herman proposait, et il y avait de fortes raisons contre. Mais, comme il arrive presque toujours dans ces sortes de perplexités, le hasard, ou plutôt la Providence, vint se charger de trancher la question, et cette fois elle ne fut point décidée en faveur de l'ermite.

Les compagnons de Herman finissaient à peine le repas qu'Isembaut leur avait fait servir, et la dernière jatte venait à peine d'être vidée, lorsqu'une bordée de flèches, parties du fond des sapinières, vint interrompre leur joie et résonna contre les casques et les hauberts. Une seule personne fut blessée, mais le coup fut terrible et le choix de la victime fut cruel. Pendant que Herman était en contestation avec l'ermite, la vieille comtesse de Salm avait quitté son siége de gazon pour se donner quelque mouvement, et ranimer ses sens engourdis par la fraîcheur du matin. Se trouvant isolée au milieu du vallon, elle avait été mirée par un des ennemis, et elle était tombée en poussant un grand cri. Soudain Herman, Mathilde et l'ermite se précipitèrent vers elle, avant même qu'ils eussent pu connaître quelle était la cause de ce malheur. Mais à l'agitation de la troupe, aux cris des chefs et au sang dont la robe de la comtesse était tachée, ils comprirent qu'ils avaient été découverts. En effet, quelques-uns des Barrisiens stationnés à Damegalle avaient entendu les cris de joie que les compagnons de Herman avaient si indiscrètement poussés, et ils étaient descendus dans le vallon pour y faire une reconnaissance. Ils n'avaient pas tardé à s'apercevoir que les hommes qui déjeûnaient sur le gazon n'étaient point de leurs amis.

Herman, dans son indignation, commanda que l'on perçât le bois, que l'on frappât sans miséricorde tous les ennemis que l'on pourrait découvrir, et qu'on les poursuivît sans relâche. Tout en donnant ces ordres, il tenait convulsivement sa mère entre ses bras, et il cherchait à la rappeler à la vie. Mathilde, glacée de frayeur, était privée de mouvement, et serait tombée sans connaissance si le chapelain du château ne l'eût soutenue. L'ermite cherchait à découvrir la blessure qu'avait reçue Agnès. La flèche s'était fait un large passage à travers les vêtements, et avait pénétré fort avant dans les chairs. Il en fit l'extraction avec assez de bonheur; il cueillit dans la vallée des herbes dont il connaissait la vertu, et il en exprima le suc sur la plaie. Après avoir posé le premier appareil, il fit construire un brancard sur lequel les manants qui avaient apporté les vivres transportèrent Agnès sur les hauteurs de la Pierre-à-Cheval. L'ermite donna son bras à Mathilde, et le chapelain les suivit en portant entre ses bras la statuette de saint Antoine.

CHAPITRE 16.

Prise de Damegalle.

Cependant les compagnons de Herman poursuivaient à travers les sapins les ennemis qui les avaient si lâchement attaqués. Ils étaient animés, dans cette poursuite, par Thomas Brandebœuf, ce chef de brigands qu'Étienne de Bar avait expulsé de Damegalle, et qui, pour s'acheminer à des projets de vengeance, avait mis sa force et son bras au service du comte de Salm.

Thomas Brandebœuf était un homme d'une vigueur extraordinaire et d'une taille presque gigantesque. Parmi tous les hommes de Langstein, aucun ne l'égalait sous le rapport de la force physique; il avait une valeur à toute épreuve, quoique souvent brutale, et un courage indomptable. L'approche des lieux où il avait pendant si longtemps donné des lois redoublait son énergie, et déjà dans son cœur il aspirait à reconquérir son trône. Aussi, voyant que la piété filiale retenait Herman près de sa mère blessée, il s'était spontanément mis à la tête des soldats du comte, et avec toute la violence de son caractère il les excitait à la vengeance et au carnage.

— C'est ici, s'écriait-il, c'est ici que sont les traîtres. Suivez-moi dans ce labyrinthe de sapinières, et nous trouverons les lâches qui sont venus troubler la paix de notre repas. —

En effet, on ne tarda point à voir les archers de Renaud s'enfuir à travers le bois comme une troupe de daims à l'approche d'une meute dirigée par un habile chasseur. Ils étaient en petit nombre, et n'avaient point cru devoir se commettre avec une troupe dont ils ignoraient la force. Aussi firent-ils un acte de haute témérité en attaquant des gens qui ne songeaient point à eux. Thomas Brandebœuf en atteignit un, et de sa hache d'armes lui fendit la tête jusqu'aux épaules. Il en atteignit un second, et il lui coupa le bras droit d'un seul revers. Trois ou quatre ayant pris position sur une roche d'où ils se retournèrent pour décocher quelques flèches, il s'élança jusqu'à eux d'un seul bond, en s'aidant d'une racine pendante ; il saisit le moins agile par le milieu du corps, le fit pirouetter deux fois, et l'envoya mesurer la terre au pied de la roche. Puis, continuant à poursuivre les fuyards, il arriva bientôt avec eux à la porte de Damegalle. Son âme était dans une agitation délirante et dans un enthousiasme infernal en revoyant ces murs où il avait brisé tant de crânes. Il entra seul à la suite des ennemis, sans faire attention que les gens du comte de Salm ne l'avaient suivi que de loin. Il eut soin cependant d'empêcher que la porte ne se refermât derrière lui, et il soutint pendant cinq minutes le choc de tous les habitants du château. Heureusement l'entrée était un porche étroit où un ou deux guerriers seulement pouvaient le combatre de près et l'atteindre de leurs épées.

Cependant on avait averti Renaud qu'une espèce de diable sous la forme d'un géant avait seul envahi l'entrée du château et menaçait de tout détruire. Le comte de Bar se revêtit à la hâte de son armure ; il endossa sa cuirasse d'acier, prit son écu flamboyant de sa main gauche, et une lourde massue de sa main droite. En arrivant au lieu du combat, il écarta tous ceux de ses gens qui barraient l'entrée, et se porta, avec toute l'audace d'un homme habitué à vaincre, à la rencontre de Brandebœuf. Celui-ci, se voyant un antagoniste digne de lui, souleva sa hache d'armes avec une nouvelle vigueur, et en déchargea un coup que Renaud eut à peine le temps de parer, car il lui effleura les tempes et lui abattit un doigt de la main droite. Renaud laissa tomber son arme, et allait probablement recevoir une décharge plus meurtrière, si Ulric n'eût de loin lancé un trait qui résonna contre le casque de Brandebœuf et le fit reculer de deux pas. Renaud profita de ce moment de relâche pour relever sa massue ; puis, la brandissant avec toute la force dont il était capable, il en assena un coup si furieux sur la tête du géant, que celui-ci alla rouler, comme une colonne de fer, sur le pavé sanglant.

En ce moment, les compagnons de Herman faisaient irruption dans le porche, et se jetèrent sur le comte de Bar, encore tout étourdi du coup qu'il venait de porter. Trois d'entre eux le retinrent étroitement serré, tandis que les autres, poursuivant leur conquête, pénétraient dans l'intérieur du castel, et massacraient quiconque était assez hardi pour leur opposer quelque résistance. Ulric lui-même n'échappa à la mort que pour se voir chargé de chaînes. On trouva Berthe agenouillée devant un crucifix d'argent, et demandant peut-être pardon à Dieu d'être la cause involontaire de ce désastre. Peut-être fût-elle devenue la victime de quelque violence, si Herman, qui sur-

vint à l'instant, ne l'eût arrachée des mains de
ses propres hommes, en leur recommandant de
la respecter comme lui-même, comme sa sœur.
Il courut aussi vers le sire de Blâmont, dont il
délia les chaînes, et il le fit rentrer dans l'appartement de Berthe, à la porte duquel il mit une
sauve-garde. Le reste fut livré au pillage et abandonné à l'emportement des vainqueurs. Quant à
Renaud, Herman jugea prudent de le retenir captif jusqu'à ce qu'il plût à Étienne de Bar de finir
la guerre. On se hâta ensuite de relever le corps
de Thomas Brandebœuf, qui fut trouvé sans mouvement et sans vie. Herman, mettant en oubli
tous ses méfaits antérieurs, ordonna qu'on l'enterrât avec tous les honneurs dus à un preux
guerrier, attendu que c'était à lui que l'on devait
la prise du castel. — Il fallait donc, ajouta-t-il,
que cet homme vînt recevoir le coup de la mort
sur le seuil de son ancien manoir, et que les lieux
qu'il a injustement souillés du sang des autres
fussent inondés de son propre sang versé pour
une noble cause. —

Après que Herman eut répondu aux nécessités
les plus pressantes, et qu'il eût établi une espèce
d'ordre au milieu de ce désordre, il se rendit à
l'appartement où était renfermé Ulric avec sa
fille. Il s'approcha de ce sanctuaire où résidait

sa divinité terrestre, non en triomphateur superbe ou en tyran qui vient imposer des lois, mais comme un criminel qui vient écouter l'arrêt de son juge. On aurait dit que son cœur voulait s'élancer hors de sa poitrine et percer les mailles de son haubert, tant il battait avec violence. Lorsqu'il entra dans la chambre, un nuage lui couvrait les yeux, et à peine put-il se soutenir lorsqu'il jeta les yeux sur Berthe, dont l'air profondément affecté annonçait, sinon le mécontentement, au moins l'inquiétude et la souffrance morale. Berthe aperçut l'embarras du comte et sentit qu'elle le déchargerait d'un fardeau pénible en ouvrant elle-même la conversation.

— Comte de Salm, lui dit-elle, il y a quinze jours, je suis allée dans votre castel pour vous imposer de dures conditions. Aujourd'hui c'est à votre tour : vous entrez en maître dans celui que nous habitons. Si nous ne connaissions la générosité de votre caractère, dont déjà vous nous avez donné des preuves, nous craindrions de rencontrer en vous un vainqueur irrité.

— Madame, répondit Herman, bien loin de me prévaloir du succès qu'un malheureux hasard a donné à mes armes, j'entre ici en suppliant, car j'ai trois grâces à demander à votre père.

— Que parlez-vous de grâces, dit Ulric en

relevant sa tête affligée ?..... Que parlez-vous de grâces lorsque ma vie et celle de mon enfant chéri est entre vos mains ? Voudriez-vous insulter à notre malheur ? Il vous faut de l'argent pour continuer la guerre : je le comprends. Eh bien ! parlez. Que désirez-vous pour notre rançon ? Je l'avais bien dit, que le secours que j'ai amené à Étienne de Bar deviendrait pour nous la source d'une ruineuse calamité : je l'avais prédit à Berthe. Je donnerais aujourd'hui cinquante sous d'or pour n'avoir point porté les armes contre vous. Comte de Salm, croyez-moi, il a fallu des raisons puissantes pour m'amener ici. J'ai redouté l'homme qui est plus puissant que moi. Je pourrais même dire que j'ai cédé à la menace. J'ai agi comme le renard que le lion entraîne à la guerre contre l'éléphant.

— Sire de Blâmont, je ne suis point devant vous pour entendre des explications ; car à mes yeux votre conduite est pleinement justifiée. Encore une fois, je viens vous demander trois grâces, trois faveurs. La première est que vous vous regardiez comme complétement libre, vous et cette noble dame, sans qu'il soit jamais question entre nous du prix de votre rançon.

— Accordé ! accordé, s'écria Ulric (Et son front s'épanouit comme le feuillage d'un vieux hêtre sous le soleil du printemps ; car le vieux sire tenait à ses sous d'or autant qu'à la vie)! Si vos deux autres demandes sont d'égal poids, vous ne perdrez rien à les présenter.

— La seconde est que vous retiriez vos troupes, et que, sur votre foi de chevalier, vous vous engagiez à ne plus entrer dans aucune ligue contre moi.

— Je m'y engage.

— La troisième.... La troisième (Ici Herman se troubla comme si une parole blasphématoire allait sortir de sa bouche)..... La troisième est que vous consentiez à mon union avec votre fille.

— Je prévoyais un pareil dénouement. Jamais un jeune homme ne ploie le genou devant un vieillard, jamais un comte de Salm ne laisse tomber sa fierté devant un voisin, que lorsqu'il a une pareille demande à former. Au surplus, seigneur Herman, je vous renvoie à Berthe pour la signature de cet article de notre traité. Je ne veux nullement contrarier ses desseins ou ses affections. Si ma fille consent à vous recevoir pour époux, je consens à marier la seigneurie de Blâmont au comté de Langstein, car vous savez que l'époux de Berthe deviendra l'unique héritier de toutes mes possessions. —

Dès les premiers mots de cette troisième requête, un éclair de satisfaction brilla sur le front de Berthe, mais un nuage de pudeur le recouvrit incontinent après, et rendit son visage encore plus vermeil qu'à l'ordinaire. Elle voulait, autant qu'il lui était permis de vouloir dans ce moment de crise ; mais elle ne disait point *oui*. Ce *oui* est trop lourd dans le sein d'une jeune fille pour qu'elle puisse le soulever sans de pénibles efforts. On dirait qu'il y a dans ce mot des générations d'hommes qui se heurtent et se pressent, tant une fille chaste et modeste éprouve de difficultés à le prononcer.

Lorsqu'elle se fut remise, et que son père l'eût engagée de nouveau à manifester ses intentions, elle laissa tomber ces mots avec un profond soupir :

— Le comte Herman s'est conduit trop généreusement à notre égard pour que je puisse lui refuser quelque chose. —

Dès ce moment le pacte fut scellé. Seulement Ulric apposa la condition que la célébration du mariage n'aurait lieu qu'après le départ des troupes d'Étienne ; — car, ajouta-t-il, je ne me soucierais point de voir dix mille hommes armés à vos noces. Ils pourraient faire toute autre chose que de boire notre vin. —

Le point capital obtenu, Herman ne crut point devoir presser l'exécution du traité. Il se trouva heureux, quelques heures après, de pouvoir entretenir Berthe en particulier, et de lui adresser les remerciements les plus affectueux pour les bons offices qu'elle lui avait rendus. Le même jour, Ulric réunit ses vassaux, et reprit avec eux le chemin de Blâmont. Il ne craignit point de publier que, devenu prisonnier du comte Herman, il n'avait obtenu sa liberté et celle de sa fille, que sous la condition expresse de ne plus porter les armes contre lui. D'ailleurs, l'envahissement du château de Pierre-percée par les troupes de l'évêque de Metz, qui en avaient trouvé le pont baissé et la porte ouverte, justifiait suffisamment sa retraite.

Berthe, avant le départ, voulut faire ses adieux à Agnès, à Mathilde et à l'ermite. Elle fit transporter à la Pierre-à-Cheval tous les meubles, les couvertures, les matelas et le linge qui avaient été à son usage pendant son séjour à Damegalle.

Herman, ne voulant point s'exposer à être assiégé dans un lieu aussi étroit et aussi peu fortifié que l'était le vieux manoir qu'il venait de conquérir, conduisit le même jour ses compagnons sur la montagne de la Pierre-à-Cheval. Il y trouva sa mère alitée sous deux grands sapins dont les rameaux entrelacés formaient au-dessus d'elle une toiture arrondie que la pluie et les rayons du soleil ne pouvaient pénétrer. Mathilde avait établi sa couche à côté d'elle, et l'ermite était attentif à prescrire les remèdes qu'il jugeait les plus propres à calmer les douleurs et à opérer la guérison de la comtesse. Néanmoins son air inquiet et taciturne témoignait qu'il conservait peu d'espoir de la sauver. Les travaux des redoutes vers le côté occidental de la côte (*a*), qui était le plus exposé aux insultes des Messains, étaient exécutés avec une incroyable activité par les manants qu'Isembaut avait amenés la veille, et par ceux encore qui arrivèrent le même jour de villages plus éloignés. Le comte de Salm leur adjoignit ses troupes ; il força même les prisonniers qui avaient été faits à Damegalle à transporter les matériaux et à confectionner les pieux ; de sorte qu'à la fin du jour on aurait déjà pu se défendre en cas de surprise. Mais les Messains ne songeaient nullement à troubler les hommes de Pierre-percée dans leur retraite ; ils ignoraient même en quel lieu le comte de Salm s'était réfugié, et ils étaient peu

---

(*a*) Ces redoutes sont encore très-apparentes aujourd'hui. Elles forment un cordon de plus de 500 mètres sur le devant de la montagne. Les vieux troncs d'arbres qui ont crû par-dessus attestent leur antiquité.

14.

disposés à courir les montagnes pour se mettre à sa poursuite. Arnou, qui, depuis la captivité du comte de Bar, se trouvait général en chef de l'armée messaine, s'était contenté de faire pénétrer ses troupes dans le château de Pierre-percée, et d'y établir une forte garnison. Ensuite il s'était empressé d'envoyer un messager au cardinal, pour l'informer des graves évènements qui avaient eu lieu, et lui demander ses ordres. Herman, de son côté, fit partir en toute diligence son premier *fortier*, ou garde-chasse, pour la cour de Lorraine, avec ordre de remettre à Henri, s'il le rencontrait, un message écrit de sa propre main et scellé de son grand scel. De tous les faits qui étaient arrivés depuis le départ du chevalier, Herman ne lui celait qu'une seule chose....., la blessure que la comtesse sa mère avait reçue dans le vallon de *Pas-d'âne* (*a*) et la vive appréhension que l'on avait de la perdre.

(*a*) Tel est le nom que porte aujourd'hui le vallon où Agnès fut blessée, et où le baudet de l'ermite arriva chargé de provisions.

CHAPITRE 17.

Retour à Nancy.

Nous avons vu qu'Étienne de Bar, à moitié terrassé par l'affront qu'il avait reçu dans la cité de Marsal, s'était laissé vaincre tout-à-fait par les paroles hardies que lui fit entendre Henri de Salm, parlant au nom du duc de Lorraine. Le dénouement qu'avait eu l'affaire de la béguine avait porté un coup terrible à l'indomptable fierté du prélat : faut-il s'étonner que dans cette situation d'esprit il ait mollement cédé aux menaces d'une puissance rivale contre laquelle il ne pouvait lutter sans danger ? Il était impossible à son âme de résister à ce double choc. C'est ainsi que la Providence fait succéder l'un à l'autre deux énormes coups de vent lorsqu'elle veut déraciner un arbre. Le premier soulève l'arbre en ébranlant ses racines ; et tandis qu'il chancelle sur son pivot, le second le renverse par un effort subit avant qu'il ait eu le temps de se raffermir sur le sol.

Aussitôt que l'ordre de lever le siége de Pierre-percée fut scellé, un courrier fut expédié en toute hâte pour Damegalle. Dans sa lettre à Renaud, Étienne de Bar ordonnait que les hostilités contre la maison de Salm cessassent sur-le-champ, et que toutes les troupes qui occupaient le territoire de la châtelienie de Pierre-percée en sortissent avant trois jours. Le seigneur évêque adressait des remerciements particuliers au sire de Blâmont à cause des secours en vivres, en hommes et en argent, qu'il lui avait fournis; et il terminait en l'engageant à ne point perdre de vue l'union projetée de sa fille Berthe avec le comte de Hombourg. Je veux bénir moi-même ce mariage, disait-il, si la jeune et noble châtelaine se décide à couronner la persévérance de son chevalier avant le moment où je partirai pour la Terre-sainte.

De son côté, Henri reçut pour le duc de Lorraine un parchemin dont la tête et les majuscules, enluminées avec soin, retraçaient aux yeux les différents emblèmes de l'épiscopat entrelacés avec des signes de guerre. Dans ce parchemin, qui était revêtu, par forme de couverture, d'une double enveloppe de satin doré, Étienne de Bar témoignait, dans un latin très-correct, que pour se conserver sur le pied d'une bonne intelligence et d'une amitié parfaite avec son très-amé cousin le duc de Lorraine et marquis, il consentait à donner la paix au comte de Salm et sire de Langstein. Il protestait que dorénavant il n'inquiéterait plus cette famille dans la possession de ses domaines, renonçant, pour lui et ses successeurs, à tout droit de suzeraineté sur la châtellenie de Pierre-percée.

Cet acte était une pièce triomphante pour les comtes de Salm. Il ne les dédommageait ni des frais de la guerre ni des pertes d'hommes qu'elle leur avait occasionnées; mais il légitimait leur résistance, et il donnait un caractère de noble indépendance à ce qu'Étienne de Bar avait si longtemps appelé leur orgueil. Aussi, dès que Henri se vit en possession de cette charte, son impatience, si longtemps maîtrisée par la chaîne des événements, reprit tout-à-coup sa véhémence accoutumée. L'amour de la patrie, ou plutôt l'amour du castel, de ce castel qui l'avait vu naître et où s'étaient assises avec gloire deux générations de comtes; l'amour de ce rocher, long comme un palais de prince, sur lequel il avait reposé vingt années de sa vie; l'amour de ces sapins dont la tête colossale s'élevait en gradins depuis la racine de la vallée jusqu'au front des nuages ; l'amour de sa mère, qu'il avait laissée luttant avec toute la force d'une femme contre les dangers de la faim ; tous ces amours réunis redevinrent son affection la plus vive, et l'emportèrent même sur cet amour nouveau qu'avait fait naître en lui le visage d'émail et les formes gracieuses de la princesse de Lorraine. Que peut une beauté de chair sur un cœur à qui l'amour de la nature s'est fait entendre? elle peut bien l'enflammer et l'émouvoir pour un moment, parce qu'elle est aussi une des mille et une voix par lesquelles Dieu et la nature parlent à l'âme, mais elle ne le maîtrise point et elle n'en absorbe pas tout le feu. Aussi notre Henri regrettait-il d'être obligé de retourner à Nancy. Aussi aurait-il voulu s'élancer avec la vitesse de l'aigle vers le rocher de Pierre-percée, et traverser d'un vol rapide les forêts de Xures et la seigneurie de Blâmont, qui l'en séparaient. Aussi aurait-il voulu arriver cette nuit même au camp des Messains, et dire à leurs chefs : Ennemis, retirez-vous : votre redouté seigneur l'ordonne. Aussi aurait-il voulu, cette nuit même, se montrer au pied de la tour, et crier à sa mère avec tout l'élan de la piété filiale : Ouvrez vos portes, et désormais vivez pour le bonheur.

Et le pieux jeune homme ignorait que la nuit d'auparavant la malheureuse Agnès avait quitté tristement le manoir de son époux pour ne plus y rentrer : il ignorait qu'en ce moment sa mère était gisante sur les hauteurs de la Pierre-à-Cheval, n'ayant, pour se garantir des rayons du soleil et des brises du matin, que les branchages d'un arbre et les courtines que lui avait laissées la châtelaine de Blâmont.

— Francisque, dit Henri en s'adressant à l'écuyer que lui avait donné le seigneur abbé de Saint-Sauveur, et qui l'avait suivi jusqu'à Marsal..... Francisque, aie soin que nos chevaux soient prêts pour l'heure de complies : nous voyagerons toute la nuit ; car il est nécessaire que nous arrivions demain à Nancy au lever du soleil. Quelques heures après, nous nous remettrons en route pour Pierre-percée.

— Bon Dieu, s'écria douloureusement l'écuyer cénobite ! de quoi parlez-vous là ? Est-il permis à un chrétien de songer à se mettre en route après l'*Angelus* du soir ? Que la bienheureuse statue de la Vierge de Saint-Sauveur nous protége ! Ne savez-vous pas que la nuit est le temps où le prince des ténèbres règne sur la terre ? Que deviendrions-nous si nous allions rencontrer une armée de sorciers qui miauleraient dans les airs comme des chats, et qui se changeraient en chauves-souris dès que nous leur montrerions la pointe de l'épée ? N'ai-je point entendu dire à notre vénérable abbé, qui est un profond théologien, que les personnes qui ont fait un pacte avec le diable ont le pouvoir de prendre la forme de tous les animaux possibles, et même de se rendre invisibles ? Et n'ai-je point vu moi-même deux sorcières sortir de la tour du monastère sous la forme de chouettes, au moment où l'on mettait la grosse cloche en branle ? Il n'y a rien que le démon redoute comme le son de la cloche. C'est pour cela que ses affidés ont le pouvoir de voyager la nuit, lorsque l'air n'est troublé, ni de près ni de loin, par aucun bruit sacré.

— Francisque, je ne vois pas que le démon soit plus puissant nulle part que dans les petites têtes : c'est véritablement par elles que le prince des ténèbres règne sur la terre, parce qu'il se sert de leurs idées fausses pour l'exécution de ses mauvais desseins et pour jeter du discrédit sur les choses saintes. Francisque, je prévois que la Religion deviendra un jour ridicule, tant on a soin d'enchâsser des niaiseries dans son écorce et de la rendre petite. L'esprit humain grandira, j'en suis sûr ; et il est bien à craindre que les idées mesquines dont on a entouré le Christianisme restent toujours les mêmes. Si dans dix siècles les ministres de l'Évangile ne sont pas plus avides de vérités et plus amis des talents qu'ils ne le sont aujourd'hui, ils deviendront eux-mêmes la risée des peuples, tant ils seront au-dessous des idées communes ; et la religion du Christ, faute d'avoir reçu les développements que nécessiteront les progrès toujours croissants de la civilisation et de la science, restera comme une ruine, mais une ruine aussi inébranlable que la voûte des cieux, au milieu des générations futures ; et les prêtres du Seigneur, debout sur ces ruines et fiers de leur indestructibilité, maudiront peut-être la main qui viendra pour les relever ; et les prêtres du Seigneur, s'endormant sur le rocher que l'enfer ne peut ébranler, diront peut-être : Méprisons le talent, parce qu'il ne peut nous renverser ; méprisons les lumières que Dieu fait luire autour de nous, parce que Dieu a promis de maintenir son église en dépit de notre ignorance...... Alors les temples du Dieu vivant ne verront plus que des femmes, et quelques hommes qui apercevront la vérité du Christianisme à travers les nuages de poussière que l'ignorance des siècles aura amoncelés autour de lui. Alors il y aura une lutte, mais une lutte à mort, entre l'impiété savante et la piété ignorante ; entre l'impiété, qui outragera Dieu dans son orgueil, et la piété, que les lumières du siècle foudroieront ; entre la raison humaine, qui sera devenue grande comme un colosse, et la piété, qui aura dédaigné de s'allier à elle..... Francisque, Francisque, tu ne me comprends pas, sans doute : mais je te dis qu'il n'y a pas de ténèbres plus dangereuses que celles de l'intelligence ; et s'il y avait un peu plus de lumières dans ton âme chrétienne, tu ne redouterais point tant les démons de la nuit. —

La leçon était trop métaphysique et d'une utilité trop relevée pour un homme qui avait été élevé dans un couvent : aussi Francisque n'en comprit-il que la moitié, celle où le comte de Pierre-percée manifestait l'irrévocabilité de sa décision. Le reste s'envola dans les airs, et ne produisit d'autre effet sur l'écuyer que d'ébranler momentanément son nerf auditif.

Le lendemain, le soleil était déjà levé lorsque Henri rentra dans le palais du duc de Lorraine. Son premier soin fut de solliciter une audience de ce prince ; mais il ignorait que Ferri ne recevait personne avant d'avoir entendu trois messes, et avant d'avoir pris un temps raisonnable pour régler les affaires de sa maison. Le jour était déjà donc très-avancé lorsque l'impatient chevalier fut admis à rendre compte de son ambassade. Le duc Ferri parut très-flatté du succès qu'avait eu sa médiation. De son côté, Henri ne ménagea point les expressions qui pouvaient témoigner au prince quelle était la vivacité de sa reconnaissance. — Si désormais, dit-il, nous vivons en paix dans nos domaines, c'est à vous seul, noble duc, que nous devrons ce bienfait. Puissiez-vous recevoir, en échange du service que vous nous avez rendu, les élans d'un cœur qui vous sera toujours dévoué! Puissent votre illustre famille et la nôtre ne point cesser d'être unies par les liens d'une mutuelle affection! Dès ce moment je mets mon bras à votre service; dès ce moment vos intérêts seront les miens, et vous n'aurez point d'ennemi si redouté contre lequel je ne désire rompre ma lance. Mais permettez que je retourne à l'instant même vers le castel de mes pères. Permettez que j'aille raconter à Herman et à ma mère ce que nous devons à votre puissante intervention. L'un et l'autre sont encore sans doute dans les angoisses de l'attente. Seulement je vous prie de consentir à ce que je dise un bref adieu à la duchesse Ludomille et à votre fille Judithe. Ces deux nobles dames ont secondé trop activement mes desseins pour que je néglige de leur rendre mes hommages avant de quitter votre cour.

— Est-ce bien réellement, reprit le duc, que vous songeriez à nous quitter ainsi? N'avez-vous aucune affaire à nous soumettre, aucun droit à faire valoir près de nous avant votre départ?

— Je n'ai aucun droit à faire valoir près de vous, noble duc, si ce n'est celui de vous demander la continuation de vos bontés.

— Mais vous êtes porteur d'un acte, d'un acte qui nous met dans l'obligation de vous donner Judithe en mariage, ou de consentir à ce que vous héritiez de tous les biens de notre frère. Croyez-vous que nous ne connaissions point ce qui s'est passé? Croyez-vous que le notaire apostolique de Saint-Dié nous ait laissé ignorer les dernières volontés du gand-prévôt? Nous avons d'ailleurs fait prendre des informations, chevalier. Nous avons voulu savoir quels ont été les derniers actes et les derniers desseins de cet homme que ses crimes nous ont forcé de poursuivre, mais qui n'en est pas moins pour cela un membre de notre maison. Nous avons voulu savoir, en quelque sorte, quelles ont été les dernières pulsations de ce cœur qui autrefois avait montré des inclinations si généreuses, et que des circonstances malheureuses peut-être ont entraîné vers l'abîme. Ludomille et Judithe ne seraient point revenues de leur douleur, si elles eussent appris que le grand-prévôt soit allé rejoindre ses ancêtres sans donner aucun signe de repentir, surtout après avoir été si malheureusement immolé par le glaive de son neveu. Heureusement nous avons appris qu'il s'est montré chrétien dans ses derniers jours, et qu'il a déposé aux pieds d'un prêtre le fardeau de ses iniquités : cela diminue peut-être la faute de cet étourdi qui a si maladroitement interprété nos ordres, et qui a cru venger l'honneur de notre famille par un coupable assassinat. Assurément un ordre aussi barbare n'est point émané de notre autorité souveraine, et nous rejetons tout l'odieux de cette action sur celui qui l'a commise. Aussi venons-nous de l'exiler pour six semaines de notre cour. Mais s'il a méconnu les devoirs que lui imposait le sang, vous avez noblement réparé ses torts, et vous vous êtes en quelque sorte mis à sa place par la générosité de votre conduite. Nous savons que c'est vous-même qui êtes allé cherché le prêtre qui a réconcilié l'évêque Mathieu avec son Créateur ; nous savons que, le voyant dépouillé de toute ressource, vous lui avez généreusement ouvert votre bourse ; nous savons que vous avez versé la paix et la consolation dans son âme froissée par le malheur ; nous savons que vous avez aidé à relever son corps gisant indignement sur la grande route, et que vous avez pourvu, autant qu'il était en vous, à ce qu'il ne manquât pas des honneurs de la sépulture. Nous savons enfin que vous portez un acte qui vous met en possession de ses biens si nous vous refusons notre alliance. Dites-le moi franchement, et avant de nous quitter : Voulez-vous que cet acte soit regardé comme nul, ou avez-vous l'intention de le faire exécuter dans toute sa rigueur ?

— Je l'annule, noble duc, et je suis prêt à sceller ma renonciation à tous les droits qu'il m'accorde, si ces droits ne sont point solennellement sanctionnés par votre bon vouloir. Pourrais-je exiger quelque chose d'une famille à qui la mienne doit l'honneur et la liberté ?

— Henri, serait-ce que la clause du mariage aurait quelque chose qu'il vous répugnerait d'exécuter ?

— Loin de là, seigneur duc : je mettrais toute ma gloire et tout mon bonheur à devenir l'époux de votre fille ; mais je ne veux la devoir qu'à son amour et à votre bonté. Il ne serait point généreux que je vous la demandasse avec un titre à la main.

— Eh bien, Henri de Salm et comte de Pierrepercée, tu ne vaincras point en générosité la noble maison de Lorraine. Soyons généreux envers nos amis et d'une humeur altière envers tous ceux qui relèvent la tête contre nous : voilà notre devise. Ma fille Judithe est à toi, si ton cœur n'est point engagé ailleurs. Je l'ai prévenue de mes desseins. Il y a six mois que le comte de Champagne et le fils aîné du comte de Bar sollicitent sa main : je t'ai mis avec eux sur le même terrain, et tu es le seul qu'elle n'a point dédaigné. Henri, je te préviens que ma fille est fière et qu'elle ne se soumettra jamais aux exigences de quiconque ne lui plaît point ; mais elle courra au-devant des caprices mêmes de celui que son cœur aura choisi. Son âme est toute de feu pour les personnes en qui elle a reconnu un mérite supérieur ; mais elle est de glace pour toutes celles vers lesquelles un goût instinctif ne l'a point entraînée d'abord. Elle a, comme le lis, la propriété de s'incliner vers les fleurs odorantes, tandis qu'elle éprouve un éloignement naturel pour tout ce qui n'est point favorisé de la nature. —

En comparant sa fille au lis, l'honorable duc

ne mentait pas, car certainement sa fille avait toute la délicatesse de cette fleur, en même temps qu'elle en avait le tissu. En vantant son sens délicat, il ne mentait pas non plus, car la blancheur et les couleurs fines sont le type ordinaire du sentiment, tandis qu'une carnation foncée et des couleurs tranchantes sont l'accompagnement nécessaire d'un caractère plus décidé, et d'une âme qui a plus de facilité dans l'expression que de suavité et de noblesse dans les idées. Toutefois, sans entrer dans ces distinctions métaphysiques, notre héros s'empressa de répondre :

— Seigneur duc, j'honore dans votre fille les vertus et les qualités que votre altesse et votre sérénissime épouse, Ludomille de Pologne (25), lui ont transmises avec le sang; et je regarde comme le plus heureux de mes jours celui où je reçois de votre bouche l'assurance de voir ma destinée unie à celle de Judithe de Lorraine.

— A demain donc la cérémonie des fiançailles. Après demain, vous irez retrouver votre frère et raviver le cœur de votre mère. Il n'y a pas de doute que dès aujourd'hui ils ont cessé d'être en butte à toute espèce d'hostilités. Il n'y a pas de doute que dès aujourd'hui la paix et l'abondance sont rentrées dans votre castel. Dans huit jours vous amènerez votre famille à la célébration de vos noces, dont je vais commander les apprêts. —

Le duc finissait cet entretien, lorsque la duchesse Ludomille se présenta dans la salle.

— Madame, lui dit Ferri, conduisez Henri de Salm vers sa fiancée, et que désormais il jouisse dans ce palais de tous les honneurs qui sont dus à un prince de notre maison.

— Messire duc, reprit la duchesse, il vient d'arriver au palais un écuyer qui se dit l'envoyé du comte de Salm. Il paraît qu'il a d'importantes nouvelles à communiquer au seigneur Henri. —

En effet, une heure ou deux auparavant, le garde-chasse que Herman avait dépêché vers son frère était arrivé à Nancy et s'était présenté dans la cour du palais. Ce garde-chasse, ou *fortier*, était une espèce de manant joufflu qui, avant d'être honoré de cette ambassade, n'avait jamais franchi les limites de la châtellenie de Pierre-percée ; et qui, par le fait, était peu au courant des finesses de cour et connaissait peu les formes de la civilisation du douzième siècle. Aussi, loin de se présenter poliment, le chaperon bas et le poing sur la hanche, comme l'étiquette semblait le demander, il avait introduit sans façon son cheval dans la cour d'honneur ; et là, s'adressant au premier hallebardier qu'il aperçut, il se mit à demander avec une voix qui retentit comme une timbale dans les longs corridors du palais, si dans ce castel logeait le comte de Pierre-percée.

— De quel castel parles-tu, répondit le hallebardier ? Crois-tu que ce soit ici un manoir sauvage, dressé, comme une tente de voleurs, au milieu des champs ? Ignores-tu que c'est ici le palais du très-redouté duc de Lorraine, et que tu ne devrais point paraître devant le dernier de ses serviteurs sans mettre chaperon bas et baisser ta lance en signe de respect ?

— Sans doute, répliqua l'homme des bois, je sais que c'est ici la maison où loge le duc Simon II ; et c'est pour cela que je viens y réclamer monseigneur le comte de Pierre-percée, qui est venu demander du secours à votre prince. Il paraît que les lorrains sont plus prompts à mal parler qu'à bien agir, car s'il avait fallu attendre votre recousse, nous aurions bien pu manger les rats et les murs de notre castel avant d'être délivrés.

— Par l'âme de monseigneur saint George, que dit cet ensorcelé barbu, répondit un second hallebardier qui survint, attiré par le bruit ? Ne dit-il pas que c'est ici la maison ou le palais du duc Simon II, de pieux souvenir ? Sans doute que ce malotru rêve ou qu'il tombe des nuées du ciel, si plutôt il ne sort des cavernes de l'enfer....

Ignores-tu, l'ami, que le duc Simon n'a plus d'autre maison depuis six mois que la pauvre cellule où il récite du matin au soir le *Miserere* et le *De profundis*? ou bien n'es-tu point le diable, qui vient, sous cet accoutrement sauvage, jeter des maléfices au milieu de ce palais?

— Il paraît que tu n'es pas le diable, toi qui parles ainsi ; car si tu voyais un peu plus loin que le fer de ta lance, tu saurais que je suis un brave écuyer du comte Herman, né dans le village de Celles, qui a l'honneur de fournir tous les ans vingt mille écrevisses aux moines de Senones, et que je viens ici pour porter un message au comte de Pierre-percée.

— Entends-tu, dit le premier hallebardier en s'adressant au second? Ce beau fils des entrailles de sa mère dit qu'il est un homme de *sel* qui est à la recherche d'un comte de *pierre*. As-tu jamais vu rien de pareil? Par les souliers et le chapel de Notre-Dame, nous n'avons ici ni comte de pierre ni comte de bois. Seulement nous avons le comte de Champagne, qui, depuis que madame Judithe est princesse de Lorraine, rode autour d'elle comme un barbet autour d'un pâté de venaison. Mais il paraît qu'il se lasse d'invoquer une sainte qui fait la sourde oreille, car ses écuyers viennent de recevoir l'ordre du départ. —

Pendant cette conversation imprégnée de toute la rudesse et de tous les jurons de l'époque, une troupe de pages s'était rassemblée autour du voyageur et s'apprêtait à lui faire subir un examen de patience. L'un d'eux, saisissant la hampe d'une lance frêtée, fit choir le chaperon brodé du *fortier*, qui s'en alla rouler dans un coin de la cour. L'homme de Celles se retourna avec la fureur d'un ours qui est attaqué par derrière, et peut-être allait-il répandre le sang de quelque baron en apprentissage, lorsque la gentille Image, qui était descendue pour connaître la cause du bruit, vint se jeter au milieu de la querelle comme un ange de pacification. Elle avait entendu prononcer les mots de *comte de Pierre-percée*, et elle savait que c'était là le titre de parade que prenait notre Henri. Elle avait aussi deviné une partie de l'intérêt que sa jeune maîtresse portait au chevalier de Salm : c'est pourquoi elle s'empressa de prendre son vassal sous sa protection. Le *fortier* d'Herman d'ailleurs, malgré la barbe qui recouvrait une partie de ses traits, était un bel homme ; et quelle est la fille à marier qu'un pareil signe de virilité épouvante ? La noble suivante parvint donc à délivrer l'humble montagnard des mains de ses persécuteurs, et elle l'entraîna vers les appartements de Judithe, après avoir recommandé sa monture à un valet plus bénin que les autres.

— Belle lorraine, lui dit en son patois l'homme des Vosges, que Dieu bénisse votre lignée en récompense de vos bontés, et qu'il me fasse la grâce d'en être le père ! —

A ce compliment inattendu, Image se mordit les lèvres pour ne point rire.

Le vassal de Herman ne se fit point prier pour raconter à Judithe tout ce qui s'était passé à Damegalle et à Pierre-percée. Elle ne put entendre sans un léger sentiment de jalousie que la châtelaine de Blâmont eût fait preuve de tant d'amitié pour la famille de Salm. — Je suppose, dit-elle à l'envoyé, que madame Berthe est la dame des pensées du seigneur Herman ou de son frère.

— Je ne sais, dit l'homme de Celles, si messeigneurs dirigeaient souvent leurs pensées du côté de Blâmont avant la guerre, car vous n'ignorez pas que les grands laissent toujours percer leurs sentiments le moins qu'ils peuvent, et que nous ne sommes, nous autres, que les exécuteurs aveugles de leurs volontés ; mais je sais que lorsque madame Berthe est venue au castel pour y faire le message de l'évêque de Metz, elle y a reçu très-bon accueil, quoique son père eût été au rang de nos ennemis. Je sais aussi que depuis cette époque, la noble famille de mes maîtres a témoigné beaucoup de respect et d'attachement pour elle. —

Le front de la fille du duc de Lorraine se rembrunit comme l'aurait fait celui d'une paysanne qui se serait vue trompée dans ses amours. Toutefois elle eut le bon esprit d'ajouter :

— Est-ce avant le départ du seigneur Henri que l'évêque de Metz a envoyé madame Berthe dans votre castel?

— Elle y est arrivée douze heures après le courageux départ de Monseigneur.

Le front de la fille de Lorraine devint clair comme une matinée de printemps. Dès ce moment, elle loua beaucoup la générosité de Berthe, et elle conçut pour elle une véritable affection.

Lorsque le duc de Lorraine sut que le castel de Pierre-percée était occupé par les troupes de l'évêque de Metz, et que la famille de Salm s'était réfugiée à la Pierre-à-Cheval, il fut d'avis que cet évènement ne devait pas causer la moindre inquiétude à Henri, — attendu, dit-il, que la paix est signée, et qu'Étienne de Bar s'est solennellement engagé à rappeler ses hommes d'armes. Il est certain, ajouta-t-il en parlant à notre héros, que dès aujourd'hui votre famille rentrera paisiblement dans son manoir. Il est certain aussi que votre castel ne sera nullement endommagé, car le comte de Hombourg n'aura pas voulu en détacher une pierre sans un ordre exprès de l'évêque de Metz. Or l'évêque de Metz, dans la circonstance actuelle, n'a qu'un ordre à donner, celui de l'évacuation de votre territoire. —

Le seigneur Henri ne goûtait pas tout-à-fait ces raisons. S'il n'eût pris conseil que de lui-même, il est probable qu'il serait parti à l'instant même, pour s'assurer de l'exécution du traité, et qu'il eût volontiers ajourné l'intéressante cérémonie de ses fiançailles. Mais notre héros n'ignorait pas qu'un protecteur est une espèce de divinité, ou plutôt de démon, à qui il faut faire le sacrifice des idées les plus justes et des sentiments les plus louables. Il se résigna en conséquence à conduire l'aimable Judithe aux pieds des autels, et à se réjouir en la compagnie de son futur beau-père avec autant de tranquillité d'esprit que s'il eût vu de ses propres yeux le résultat de ses peines et le rétablissement triomphal de sa famille dans le château qu'elle avait été forcée d'abandonner à la rapacité des Messains.

CHAPITRE 18.

Saint Bernard.

La cérémonie des fiançailles de Henri de Salm et de Judithe ou Joatte de Lorraine venait de s'accomplir avec toute la solennité que l'on mettait alors dans cet acte avant-coureur du mariage, et déjà la foule des chevaliers et des dames qui y avaient assisté se trouvait réunie dans la salle du banquet, lorsqu'on vint avertir le seigneur Henri qu'un envoyé de l'évêque Étienne l'attendait dans la salle d'armes. Le chevalier quitta sur-le-champ les félicitations dont il était l'objet, pour courir où ses devoirs de famille l'appelaient..... Étienne de Bar avait reçu la nouvelle de l'occupation du château de Pierre-percée par le comte de Hombourg, duc de Jéricho. Il s'empressait de mander à Henri qu'il considérait comme nul le traité signé à Marsal, attendu que le jour où il avait promis de lever le siége, le castel était déjà en la possession de ses troupes. Il s'appuyait sur cette maxime du droit romain : On ne peut stipuler sur une chose qui n'existe pas. — Or, disait l'évêque, votre château n'était plus à prendre lorsvous avez paru devant moi. Donc je n'ai pu m'engager à ne point le prendre. —

En conséquence le prélat se déclarait légitime seigneur du castel occupé, et il annonçait l'intention d'y établir une garnison pour maintenir l'ordre et la sûreté dans le pays. Seulement, rempli de compâtissance pour la famille de Salm, et ne voulant point la laisser errer sans abri dans les montagnes des Vosges, il lui permettait de se créer une nouvelle habitation dans quelle partie des terres de l'abbaye de Senones elle jugerait convenable, pourvu que ce fût au-delà du Donon et à une distance de six lieues de Pierre-percée; pourvu encore qu'elle déposât les armes sans différer et qu'elle rendît la liberté au comte de Monçon. Au reste Étienne se réservait le droit de disposer à son gré de la vouerie de Senones, et de tout le territoire de la châtellenie de Pierrepercée, dont, par le fait, il était maître depuis un an. — Vous pourrez donner à votre nouvelle demeure, ajoutait le prélat, le nom de votre famille, et en graver les armoiries sur la façade. Autour de cette habitation il vous sera permis de prendre cinquante acres de forêts, à charge par vous de payer un tribut annuel à l'abbé de Senones, auquel je m'engage à faire agréer cette cession.

Henri était frémissant d'indignation en lisant cette lettre. Il la communiqua au duc Ferri, qui pouvait à peine comprendre qu'Étienne eût la hardiesse de rompre l'engagement solennel qu'il avait pris de quitter la châtellenie de Pierre-percée. — C'est ainsi qu'ils font tous, disait-il : ils ont des raisonnements pour tout, et lorsqu'il s'agit de leur intérêt, ils prouveraient, s'il le fallait, que le diable est un chartreux. Ils ont toujours quelques lumières scolastiques à mettre en opposition avec les lumières du bon sens. A-t-on jamais vu que quelqu'un s'autorisât à rester maître d'un castel dont il avait juré de lever le siége, sous prétexte que ce castel se trouvait pris quelques heures avant la signature du traité ? Partez, Henri, partez pour Metz : je vous fais encore une fois mon délégué, et cette fois ne revenez point sans avoir mis le repos de votre famille à l'abri de toute chicane. Je vous fais mon plénipotentiaire, et vous pouvez imposer à l'évêque Étienne telles conditions qu'il vous plaira. J'irai les soutenir moi-même à la lance et à l'épée. Je veux que votre ennemi apprenne quel est celui qui vous reçoit pour gendre. J'irai, avec toutes mes forces, renverser les remparts de Metz et porter la flamme au milieu de son palais, plutôt que de souffrir que votre famille reste éloignée de son château rocailleux ou perde un pouce de ses domaines.

Le lendemain, vers le milieu du jour, Henri était dans le palais d'Étienne de Bar.

Étienne de Bar, dans sa ville capitale, n'était plus le prélat guerroyant qui méprisait le luxe et qui asseyait sa grandeur sous les toiles du camp aussi volontiers que sur le brocard et sur l'hermine : c'était un homme poli dans ses manières, riche dans son ameublement, et se montrant, en toutes choses, le digne héritier des Sigebert et des Chilpéric. Son palais était grand comme une ville : il y avait plus de luxe et de somptuosité dans ses appartements que Henri n'en avait jamais vu sous le ciel. La vue de ces longues galeries, et de ces vitraux peints dont l'éclat semblait donner un démenti à la lumière du soleil, faillit presque intimider notre héros. Il avait peine à comprendre que celui qui n'était pas même l'héritier d'un castel dont les fondements inébranlables formaient le seul mérite, abordât dans cette demeure toute resplendissante de dorures pour parler avec force à celui qui en était le maître. Il faut l'avouer : les entours de l'homme lui impriment une espèce de grandeur, et il faudrait n'être point doué de la faculté de voir, pour ne pas être saisi de respect pour celui que la nature et l'art environnent de leurs brillantes clartés.

Toutefois, il faut l'avouer aussi, Étienne de Bar se plaisait peu dans le faste et dans ces témoignages de grandeur. Il y avait à peine deux jours qu'il était arrivé à Metz, et déjà le repos de la cité lui était à charge. Cet homme était né pour les expéditions. Il fallait qu'il fit le tour de son diocèse, le casque en tête, ou qu'il trouvât ailleurs des ennemis à combattre.

Henri lui adressa ainsi la parole :

— Je ne viens point pour souscrire à vos propositions, mais pour vous prier d'agréer les miennes. Les voici en trois articles.

Voulez-vous que la maison de Salm ait la possession libre et indépendante de son castel et de ses domaines, et lui confirmer les droits qu'elle tient de vos très-honorés prédécesseurs à la vouerie de Senones ?

Voulez-vous céder à cette même famille le castel et la seigneurie de Deneuvre, en indemnité des pertes qu'elle a éprouvées pendant la guerre que vous lui avez faite ?

Voulez-vous, pour payer la rançon de votre frère, nous accorder le droit de bâtir un nouveau castel sur les terres du monastère de Senones, au-delà du Donon, comme vous l'avez proposé, et y joindre, sous la redevance annuelle de deux sous strasbourgeois, cinquante acres de forêts?

Voilà, noble cardinal, les seules conditions de paix que la maison de Salm puisse accepter, après la rupture du pacte authentique qui avait été scellé entre vous et elle.

— Si je ne croyais devoir pardonner quelque chose au dépit d'un vaincu, répondit l'évêque, je regarderais vos deux premières propositions comme des insultes? Depuis quand le vainqueur doit-il des indemnités à celui qui s'est laissé vaincre? Depuis quand celui qui s'est rendu maître d'une forteresse est-il obligé d'y replacer ceux qui l'ont évacuée faute de vivres et à la faveur des ténèbres? Henri, votre castel m'est acquis par le droit de la guerre, et désormais aucune menace ni aucune offre ne pourra me décider à vous le rendre. Mon étendard flotte sur votre donjon, et aucune puissance humaine ne pourra l'en arracher. Si le duc de Lorraine lui-même venait échelonner ses troupes autour du castel de Pierre-percée, je ne le rendrais pas.

Si sur ce point culminant vous avez pu braver pendant quatorze mois toutes les forces de l'évêque de Metz jointes à celles de ses alliés, l'évêque de Metz à son tour pourra y braver, s'il est nécessaire, toutes les forces du comte de Salm jointes à celles du duc Ferri.

— Eh bien! que tout le sang qui sera répandu dans cette querelle retombe sur vous, répliqua Henri. Préparez-vous à résister au duc de Lorraine, non point seulement à Pierre-percée et dans le val de Celles, mais ici, sous les murs de votre ville épiscopale. Si vous n'acceptez point sur-le-champ les trois articles que j'ai énoncés, je vous déclare qu'avant deux jours vous verrez flotter les alérions aux portes de Metz. —

En parlant ainsi, le jeune comte avait le visage enflammé de colère, et son geste menaçant annonçait l'intention d'un homme qui a plus le désir de manier l'épée que de courir à un festin. L'évêque était inébranlable.

Sur ces entrefaites, un auguste personnage entra dans la salle. C'était saint Bernard. Henri n'avait point vu encore cet homme dont la réputation égalait le mérite, et qui remplissait l'Europe du bruit de ses miracles; mais il le connut à la première vue, sachant d'ailleurs que depuis plusieurs semaines il était à Metz. Il se leva soudain par un mouvement de respect. Étienne en fit autant. L'abbé de Clairvaux était suivi du moine qu'il avait député à Damegalle, et de plusieurs autres Religieux de mérite. Mais il les surpassait tous par l'éclat et la dignité de sa physionomie, et par son regard sévère, au travers duquel brillait de temps à autre un éclair de douceur, comme un rayon de soleil perce à travers un massif de feuillage. Son nez était aquilin; son front, modestement incliné par le bas, comme la surface d'une pyramide, s'arrondissait par le haut comme le dôme d'un temple. Son cou, qui se penchait légèrement vers l'épaule droite, indiquait l'aisance et la flexibilité de sa pensée. Ses manières et le ton modulé de sa voix décelaient l'homme de haute naissance et la noblesse de son éducation, tandis que son teint hâve et ses joues creusées par le jeûne annonçaient l'homme du cloître et le réformateur de vingt-neuf couvents ou monastères. Il se croyait spécialement destiné à cette œuvre, et il n'avait prolongé son séjour à Metz que pour travailler à la réforme des nombreuses congrégations d'hommes et de femmes qui y pullulaient en ce moment. C'était en grande partie pour ne rien faire sans l'assentiment d'Étienne qu'il avait pressé son retour : c'était aussi pour lui donner une idée du relâchement qui s'était introduit dans plusieurs maisons religieuses qu'il lui disait dans la lettre que nous avons insérée au commencement de ce volume : *Il y a ici des gens qui s'égarent comme des brebis qui n'ont pas de pasteur.* Il entrait alors chez ce prélat pour le conduire dans un monastère de filles appelées *Scotes*, et pour le rendre témoin des désordres qui y régnaient. Il avait résolu d'expulser ces filles de leur maison, pour les remplacer par des Religieuses plus modestes et plus ferventes.

Étienne lui fit connaître avec des expressions pompeuses le motif de la présence de Henri, et la résolution où il était de faire la guerre au duc de Lorraine plutôt que de consentir à ce qu'on exigeait de lui.

— Suivez-moi, Messeigneurs, répondit Bernard : avec l'aide du Seigneur nous arrangerons cette affaire quand nous aurons arrangé celle des Scotes. Il faut songer à balayer les ordures du temple de Dieu avant de pacifier les princes, *quia ideo missus sum.* Vous, jeune homme, votre colère aura le temps de se calmer ; car je vois que votre esprit et vos sens sont agités ; et vous, seigneur archevêque, vous apprendrez à guerroyer contre le vice plutôt que contre les hommes. —

16.

Étienne et Henri suivirent l'abbé comme deux enfants suivent leur maître qui les conduit à l'école.

Le monastère était situé hors de la ville, et il fallait traverser plusieurs quartiers pour y arriver. Dans toutes les rues, les hommes, les femmes et les enfants, s'agenouillaient devant l'abbé de Clairvaux; car il n'était bruit à Metz que d'un miracle qu'il avait opéré deux jours auparavant. Il avait guéri une femme paralytique en étendant son manteau sur elle (26). L'humble abbé tâchait de donner aux hommages de la foule une autre direction. — Mes enfants, disait-il, agenouillez-vous devant votre prélat, et non devant moi, qui ne suis qu'un pauvre prêtre. —

Comme la foule l'obsédait de plus en plus, il voulut continuer le voyage sur la Moselle. Il fit, à cet effet, approcher une barque, sur laquelle il monta avec sa suite : mais cet incident devint l'occasion d'un nouveau prodige.

Il y avait plus de cinq minutes qu'un aveugle poursuivait l'abbé Bernard dans les rues, coudoyant tous ceux qu'il rencontrait, et faisant tous ses efforts pour arriver jusqu'auprès du Saint. Lorsqu'il connut la nouvelle route que venait de prendre le thaumaturge, il s'avança sur le bord de l'eau en criant, et en demandant si quelque pêcheur ne pourrait point le recevoir sur sa nacelle. Un pêcheur le prit sur son embarcation et se mit en devoir de rattraper la barque où voguait le saint voyageur. Celui-ci avait tout entendu, et, admirant la foi de cet homme, il ordonna qu'on l'attendît. Dès que l'aveugle fut près de lui, Bernard mit la main sur ses yeux, et ils s'ouvrirent à la lumière (27).

Lorsque l'on arriva au monastère des Scotes, il fallut parlementer avec la portière. Bernard avait averti que lui seul se chargerait de répondre.

— Qui êtes-vous, demanda la femme qui était préposée à la garde du saint huis, et que venez-vous chercher dans l'asile des filles du Seigneur?

— Nous désirons parler à madame l'abbesse.

— La communauté est en récréation, et madame l'abbesse ne parle point d'affaires à cette heure.

— Nous connaissons les usages de la maison : nous ne venons point pour troubler d'innocents plaisirs, mais plutôt pour y prendre part.

— Et ce jeune cavalier, répliqua la vieille portière en désignant Henri, désire-t-il parler en particulier à quelqu'une de nos jeunes Scotes?

— Son intention n'est pas de nous quitter. —

La porte s'ouvrit, et l'on passa à travers un un long cloître dont les voûtes silencieuses attestaient que la communauté prenait ses ébats dans un lieu plus agréable. Au bout du cloître était une vaste cour où se promenaient, avec toute la pesanteur de l'âge, les douairières de la maison. Leur conversation paraissait très-animée, et l'on entendait que l'une d'elles se plaignait avec amertume que, lors de la dernière élection, toutes les dignités étaient tombées sur les plus belles et les plus jeunes Religieuses, au grand détriment du respect que l'on devait à la vieillesse, et des égards que méritaient de longs services. — Il n'y a pas deux ans que sœur Claire est parmi nous, disait-elle, et la voilà qui est abbesse : c'est un affront que nous ne devrions point digérer. — Laissons-la jouir en paix de sa dignité, disait une autre : ne voyez-vous pas que ses joyeux attraits sont une aubaine pour notre couvent? — Plus loin était un verdoyant jardin dont la porte grillée semblait ouverte à tous venants. A l'extrémité d'une longue allée, et dans un emplacement ombragé de tilleuls, on voyait une troupe de jeunes Scotes qui, après avoir déposé leurs guimpes sur l'herbe, paraissaient très-occupées à jouer aux barres avec une douzaine de ribauds que parfois, d'après les lois du jeu, elles étaient obligées de transporter sur leur dos à une certaine distance. A l'extrémité du jardin, on entendait le son des flûtes et de la citole, et l'on entrevoyait à travers la feuillée d'une charmille le mouvement continu des danseurs et des danseuses. Madame l'abbesse était assise sur un banc de pierre, à côté de ces ébats, et près d'elle se trouvait un joyeux cavalier qui l'attirait modestement sur ses genoux, sans qu'elle parût fort scandalisée de cette offense. Tout était en harmonie dans cette scène de désordre, et l'on voyait, à la bonne foi des coupables, qu'elles regardaient ces divertissements comme un droit.

Étienne de Bar s'arrêta, pouvant à peine s'en rapporter au témoignage de ses yeux.

Saint Bernard s'approcha de l'abbesse, et lui dit, d'un ton qui lui imprima dans tous les membres un tremblement pareil à celui d'une couleuvre qui se tortille lorsqu'elle voit venir l'aigle sur elle :

— Madame, vous savez qu'il est écrit : Je viendrai à vous comme un voleur. Or je suis le voleur qui tombe sur vous à l'improviste et qui vous enlève l'autorité dont vous jouissez dans cette maison. Sortez-en à l'instant même, et sortez-en sans regarder derrière vous. Sortez-en avec toutes ces filles dont vous causez la perdition. Sortez-en la première, parce que vous les avez précédées vous-même dans les sentiers de l'iniquité. Puissiez-vous toutes, rentrées dans le monde, vivre d'une manière moins scandaleuse, et expier au grand jour les crimes que vous avez commis à l'ombre du cloître. Par l'autorité du pape Eugène III, qui m'a revêtu de pouvoirs discrétionnaires, je vous relève de vos vœux, dont déjà vous vous êtes dispensées vous-mêmes par le libertinage de votre conduite. Demain vous serez remplacées par des filles plus chrétiennes. Demain ce lieu de débauche sera redevenu ce qu'il doit être, la maison de la piété, du recueillement et du silence. —

L'abbesse, revenue de sa première stupeur, voulut répliquer et crier à l'injustice, à la violence ; mais Étienne de Bar était là, et il fallut se soumettre à l'arrêt qui avait été prononcé par la bouche du saint homme.

Pendant ce temps, les Religieuses avaient ramassé leurs guimpes et s'étaient enfuies jusqu'au fond des dortoirs ; les ribauds avaient escaladé les murs du jardin, et le son de la citole avait cessé de se faire entendre. Le cavalier qui était assis à côté de madame l'abbesse avait également disparu, et le pieux réformateur était devenu maître de la place. Quelques archers d'Étienne, qui survinrent, achevèrent de faire plier bagage aux sœurs les plus récalcitrantes, et au bout de deux heures la maison se trouva nette (28).

En s'en retournant, le saint homme, prenant

le ton d'autorité qui lui était habituel avec les grands de la terre, adressa ainsi la parole à Étienne de Bar et au seigneur Henri :

— Maintenant, Messeigneurs, c'est à votre démêlé qu'il faut en venir. Puissiez-vous l'un et l'autre être aussi dociles à ma parole que l'ont été ces misérables pécheresses. Songez qu'il est aussi criminel de verser le sang des hommes que d'offrir un appât à leur concupiscense. Seigneur de Salm, que demandez-vous à l'évêque de Metz ? —

Henri répéta les trois propositions qui formaient sa demande, et sans l'acceptation pleine et entière desquelles il protesta que le duc de Lorraine allait faire une levée de boucliers contre Étienne de Bar.

— Or sus, seigneur archevêque, dit Bernard, refuserez-vous de payer la rançon de votre frère, que le comte Herman retient dans les fers ; et puisque c'est en combattant pour vous, pour l'abbaye de Senones, que pareille disgrâce lui est arrivée, ne convient-il point que vous accordiez à la maison de Salm le droit de bâtir un castel sur les terres de cette abbaye, et que vous y ajoutiez les cinquante acres de forêt qu'elle demande ? M'est avis que ce n'est point acheter trop cher la liberté d'un frère qui s'est dévoué pour vous servir.

— Aussi, loin d'être porté à refuser ce prix, c'est moi-même qui l'ai offert le premier : le seigneur Henri m'en est témoin ; et je répète que je souscris à sa troisième requête de toute mon autorité et de tout mon vouloir.

— Messeigneurs, vous voilà donc d'accord sur un point. Il ne sera point dit, je pense, que vous n'entendrez point raison sur les deux autres. M'est avis que, pour vous faciliter tout accord et rétablir la paix, vous, seigneur archevêque, vous devez souscrire au premier, et que vous, seigneur de Pierre-percée ou de Salm, vous devez renoncer au second et n'exiger aucune indemnité pour les pertes que votre maison à éprouvées dans la guerre que avez soutenue.

Vous, seigneur archevêque, continua Bernard en se tournant vers le cardinal, vous devez consentir à ce que la famille de Salm rentre dans la possession libre et paisible de ses terres et de son manoir. Puisque vous avez consenti à cette clause il y a trois jours, pourquoi n'y consentiriez-vous plus aujourd'hui ? Il ne serait point généreux et équitable que vous vous prévalussiez d'un évènement qui à eu lieu depuis la signature du traité. Songez que les raisons qui ont pu vous porter alors à signer la paix existent encore aujourd'hui. Vous vouliez, disiez-vous, aller combattre en Terre-sainte : en avez-vous donc tout-à-coup perdu l'idée? Les Chrétiens de la Palestine ont-ils moins besoin du secours de vos armes parce que vous êtes devenu maître du castel que vous assiégiez? Vous, pontife revêtu de la puissance temporelle, refuserez-vous de prendre part à une expédition à laquelle concourent les laïcs mêmes les plus indifférents, et cela pour vous maintenir dans la possession d'un rocher sauvage ; car vous devez comprendre que vous ne pouvez faire la guerre en même temps en Asie et en Europe? Vous devez comprendre que pour sortir de vos états vous devez être en paix avec vos voisins, et surtout avec le puissant duc Ferri. Par les mêmes raisons, m'est avis aussi que vous devez laisser la vouerie de Senones à la maison de Salm. Cette vouerie d'ailleurs lui a été donnée par un de vos prédécesseurs (vous le reconnaissez vous-même) à titre héréditaire : pourquoi l'en dépouilleriez-vous? Vous dites que le seigneur Herman a abusé de son autorité en empiétant sur le pouvoir des abbés et en s'arrogeant le droit de pêche dans la rivière de Plaine. Dites-moi quel est l'homme vivant qui n'ait point abusé quelquefois des avantages de sa position. Dites-moi si les moines de Senones eux-mêmes n'ont pas souvent abusé des grâces de Dieu et des richesses temporelles dont ils jouissent ; et croyez-vous qu'il ne soit point nécessaire que quelquefois un gantelet de fer s'oppose à leurs prétentions ? Je trouve que les hommes d'église ne sont jamais si sages, si pieux, si fidèles à leurs devoirs, que lorsque le pouvoir séculier les maintient dans de justes bornes. L'autorité ecclésiastique est comme une rivière dont l'eau n'est pure que lorsqu'elle est concentrée dans son lit, et qui devient fétide et bourbeuse pour peu qu'elle franchisse les barrières qui lui sont naturelles. C'est une vérité que l'on ne comprend point encore, parce que l'espèce humaine est comme un enfant qui n'apprend qu'un à un les mots de sa leçon ; mais un siècle viendra où cette vérité sera connue du dernier des artisans, et où le pouvoir temporel cessera d'être sous la tutèle des ministres de Dieu. Le pouvoir temporel, seigneur Étienne, appartient de droit aux laïcs, aux hommes qui peuvent décemment porter une épée à leur côté et mettre une aigrette à leur chapel ; il n'est entre vos mains que par provision, et jusqu'à ce que les hommes du siècle aient acquis assez de lumières et de science pour l'exercer eux-mêmes. Jusque-là il vous est permis de le retenir, mais il ne vous est point permis de croire qu'il est avantageux à l'Église que ses ministres exercent le droit de haute, de basse et de moyenne justice. Au contraire, ce droit est une plaie pour l'Église, et une plaie qui serait capable de lui donner la mort si le doigt de Dieu ne la soutenait miraculeusement, car le royaume de Dieu est inconciliable avec la force et la contrainte. Il viendra un siècle, vous disais-je, où cette incompatibilité sera reconnue, et où le pouvoir temporel, sorti de ses langes, rejettera de son sein cette nuée de prélats qui négligent la science et la piété pour courir après la grandeur, et qui abdiquent leur titre d'apôtres pour devenir courtisans. Un jour viendra où la paroisse sera distinguée de la commune, et où le curé de campagne n'aura plus rien à faire que de veiller au salut de ses ouailles. Alors peut-être les ministres du Seigneur murmureront dans leurs repas, dans leurs festins, contre l'autorité qui froissera leur orgueil et les refoulera dans le sanctuaire, car de tout temps les enfants d'Aaron ont murmuré contre Moyse; mais leurs clameurs seront aussi inutiles qu'elles seront injurieuses à la Providence. Alors la foi, si elle n'est point encore morte, reprendra de nouvelles racines ; alors de saints prêtres marcheront à la tête des peuples, et le clergé comprendra qu'il ne doit être puissant qu'en vertu et en intelligence. En attendant que ce bonheur arrive, seigneur archevêque, laissons jouir de la puissance temporelle ceux qui en jouissent ; confirmez les droits régaliens de la maison de Salm. Laissez à Dieu le soin de corriger ceux qui portent le glaive. C'est à lui seul à rompre l'épée. Les justes ne doivent être que les instruments de sa miséricorde ; c'est aux pécheurs qu'il appartient de devenir les instruments de sa colère.

Et vous, seigneur Henri, continua l'abbé de Clairvaux en se tournant vers le chevalier de Salm, vous devez retirer votre deuxième requête et n'exiger aucune indemnité pour les pertes que vous avez souffertes : il doit vous suffire d'être réintégrés dans vos possessions et de jouir des mêmes prérogatives que vous aviez avant la guerre. Apprenez qu'un prince doit faire des sacrifices à la paix, et qu'une excessive exigence est presque toujours la source d'une infinité de maux. Il y a souvent beaucoup d'injustice à mettre toutes choses dans la balance de la justice, parce que celui qui pèse minutieusement tous ses droits mérite que l'on pèse minutieusement tous ses torts. Si le seigneur Étienne consent à vous rendre votre castel, vous devez consentir, par un retour de générosité, à ne rien exiger pour les dommages qu'il vous a causés..... Or sus, seigneur archevêque, consentez-vous à rendre à la maison de Salm son castel et sa seigneurie, sans l'obliger à vous en faire hommage ; et lui confirmez-vous les droits qu'elle tient de l'évêque Adalbéron à la vouerie de Senones ? —

L'évêque s'inclina en signe de consentement. Il n'avait pu résister à l'éloquence et aux lumières du saint abbé.

— Et vous, chevalier de Salm, renoncez-vous à réclamer le castel et la seigneurie de Deneuvre à titre d'indemnité pour les dommages dont vous vous plaignez ? —

Henri ne répondait pas. Il lui en coûtait de faire tout d'un coup le sacrifice de sa vengeance, lorsqu'il s'était promis d'humilier l'évêque de Metz et de châtier son orgueil. Il n'avait proposé son deuxième article que dans l'espoir qu'il serait rejeté, et qu'avec la secrète intention de profiter de ce refus pour déclarer la guerre.

Bernard lui adressa une seconde fois la parole :

— Je vous en conjure, comte de Pierre-percée, épargnez à la chrétienté le spectacle d'une nouvelle guerre : assez de dissensions déjà ont troublé l'accord qui devrait être entre les enfants de l'ancienne Austrasie. Imitez la sagesse et la modération des princes de la noble maison de Lorraine, dont vous êtes l'envoyé, et ne souffrez pas que pour votre querelle deux puissants seigneurs ne puissent prendre part à l'heureuse expédition qui se prépare. Vous concevez que l'évêque de Metz ne peut faire lui seul tous les sacrifices que cette expédition exige. —

Henri était sourd comme auparavant.

En ce moment, on rentrait dans la ville. Un homme âgé, qui depuis plusieurs années souffrait d'un violent mal de tête accompagné de surdité, vint se jeter aux genoux de Bernard, en le suppliant de le guérir de son infirmité. — Je mourrai content, disait-il, si une fois encore je puis ouïr le chant des psaumes et mêler ma voix aux chants de l'Église. —

Bernard fit approcher cet homme; il lui imposa les mains, fit sur lui le signe de la croix, lui mit les doigts dans les oreilles, et lui dit :

— Si vous êtes un homme de paix, que la paix vous soit donnée. —

A l'instant le sourd s'écria qu'il entendait parfaitement et que ses douleurs avaient cessé. Et le peuple, qui connaissait depuis longtemps l'infirmité de cet homme, rendait gloire à Dieu et multipliait les témoignages de respect envers son serviteur.

Alors Bernard se retourna vers Henri en disant :

— Or sus, sire chevalier de Salm, serez-vous le seul sourd que je ne pourrai faire entendre ? —

Henri tomba aux pieds du saint homme, et lui dit, consterné et tremblant (29):

— Puisque la nature se montre docile à votre voix, comment pourrais-je ne point vous obéir? Je retire ma seconde requête. Que la paix soit faite, puisque vous le voulez. Mais, à votre tour, ne repoussez pas la demande que j'ai à vous faire. Venez à Nancy dans huit jours pour bénir mon mariage avec la princesse de Lorraine. Venez visiter l'abbaye de Haute-Seille, que ma mère a fondée, et tâchez de faire fleurir parmi les Religieux qui l'habitent la science et la piété qui vous animent. Ensuite, pour dernière faveur, venez vous asseoir sur notre rocher, et sanctifier par votre présence le manoir de notre maison.

— Allez, jeune homme, répondit Bernard : il sera fait selon votre désir.

CHAPITRE 19.

Conclusion.

Deux jours après l'accomplissement des faits que nous venons de rapporter, Henri arriva sur le mont de la Pierre-à-Cheval. Il y trouva l'armée de son frère en très-bon ordre, et munie de provisions de toute espèce qu'elle devait, en grande partie, aux soins de Berthe. Aucune attaque n'avait été dirigée contre la maison de Salm depuis qu'elle était retranchée sur ce point culminant ; mais un évènement douloureux l'avait jetée dans la consternation. La pieuse Agnès avait succombé sous le poids réuni de ses douleurs, de ses chagrins et de ses privations. Ses dernières inquiétudes avaient été pour Henri, dont elle ignorait la destinée, et elle était morte en conjurant le ciel d'épargner les épreuves du malheur à cette âme d'élite qu'elle environnait de toute son affection maternelle.

Tous les villages et les hameaux du val de Celles étant alors au pouvoir des troupes de l'évêque de Metz, on s'était vu dans la nécessité, pour inhumer la comtesse en terre sainte, de transporter son corps au lieu dit *Raon-les-Leau*, à l'extrémité orientale de la vallée (30). Là elle fut enterrée dans la petite église que l'on y voit encore aujourd'hui ; et l'ermite Isembaut, accompagné d'un petit nombre d'hommes d'armes, fit la cérémonie de ses funérailles. Herman n'avait pu s'y trouver, parce que sa présence était nécessaire à la défense du camp, et Mathilde n'avait pu suivre le convoi à cause des dangers qui accompagnaient cette marche.

Lorsque Henri apprit que sa mère avait péri par suite de sa blessure, et que sa dépouille mortelle avait été rendue à la terre, il jeta un cri perçant, puis il demeura quelque temps immobile, sans proférer une parole. Après avoir surmonté les premiers accès de sa douleur, — Il fallait au ciel une victime, s'écria-t-il : résignons-nous puisqu'il l'a choisie. Désormais nos maux sont terminés. Herman, nous rentrons dans notre manoir. —

En effet, le lendemain le comte de Hombourg fit sortir ses troupes du château et fit sonner le cor du départ. Il rassembla les Messains près du village de Celles, d'où ils prirent la route de Deneuvre en passant par le village de *Veissval* (a). De son côté, Renaud, rendu à la liberté, réunit tous ses Barrisiens à Badonviller, et prit avec eux la route de Monçon.

Et deux jours après, Herman et Henri faisaient leur entrée triomphale dans le manoir de Pierrepercée (31). L'étendard aux saumons fut réimplanté sur la tour; et la modeste Mathilde, dès que les communications furent libres, alla répandre des larmes et jeter des fleurs sur le tombeau de sa mère.

Et la statuette de saint Antoine, après avoir séjourné pendant six jours sur le sommet oriental de la Pierre-à-Cheval, auquel elle a donné son nom, est revenue prendre sa place sur la pointe orientale du rocher.

Le château de Damegalle fut abattu par les ordres de Herman. Des ruines recouvertes de mousse, et des décombres sur lesquelles s'élève un bouquet de sapins comme un panache de casque, attestent seuls son existence.

(a) Ce village, dont il ne reste aucun vestige, et dont néanmoins il est souvent fait mention dans les actes de ce temps, était situé au nord de la montagne et du château de Beauregard. Raon-l'Étape n'existait pas encore.

Au jour fixé par le duc Ferri, le mariage de Henri de Salm et de Judithe ou Joatte de Lorraine fut célébré dans la chapelle ducale (32). Saint Bernard officia, et chanta solennellement la messe, après laquelle il donna la croix à plusieurs gentilshommes, et à une multitude d'hommes du peuple qui aimaient mieux aller combattre les Infidèles que de vivre sous le joug des monastères ou des francs-tenanciers.

L'homme de Celles, premier *fortier* de Herman, eut l'insigne honneur d'épouser la belle Image, première camériste de la princesse de Lorraine; et leurs descendants ont porté le nom de *Fortier* jusqu'à ce jour.

De Nancy, l'abbé de Clairvaux vint à l'abbaye de Haute-Seille, où il introduisit plusieurs réglements qu'il appuya par des prodiges et par l'autorité de sa science. Sa mémoire est restée en vénération dans la paroisse de Cirey, près des ruines de cet ancien monastère.

En un seul jour, il bénit deux mariages sur le rocher de Pierre-percée, celui de l'admirable Berthe avec le comte Herman, et celui de la jeune Mathilde avec le comte de Hombourg. Arnou, ayant enfin remarqué qu'il n'avait point conquis les affections de la jeune châtelaine de Blâmont, ne s'était point désespéré, en amant vulgaire, parce qu'il connaissait assez la vie pour savoir que tout le mérite féminin n'est point concentré dans la tête ou dans le cœur d'une jeune fille. Il n'avait d'ailleurs ni assez d'esprit ni assez d'énergie dans le caractère pour mettre beaucoup de vivacité dans ses amours, et dès là il était plus capable d'aimer avec raison ; car les sots ont cet admirable privilége que jamais la violence de leurs passions ne les emporte. Si leur char ne court jamais, et s'il est incapable de s'élancer dans une noble carrière, du moins il a cela d'avantageux qu'il ne verse pas souvent, et que sa pesanteur même lui sert de lest. Si leur âme darde peu de lumière, du moins elle ne bouillonne pas comme un volcan qu'il est impossible d'éteindre......... Le seigneur Arnou donc, ayant une réminiscence des bonnes qualités de Mathilde, s'était avisé, en courtois chevalier, de la demander à Herman. — Vous me devez cette compensation, disait-il, pour la châtelaine que vous m'enlevez, et si je n'ai pu avoir Berthe pour épouse, faites au moins que je puisse l'avoir pour belle-sœur. — Et Mathilde, qui n'avait jamais refusé une aumône à un pauvre ni un coup d'œil à un chevalier, ne voulut point contrister par un refus l'homme qui s'était montré généreux envers sa famille, et qui lui avait mis si gracieusement un anneau au doigt après avoir dirigé sa fuite.

Herman ne manqua point à la reconnaissance envers son frère. Il lui abandonna la châtellenie de Pierre-percée et la vouerie de Senones, ne se réservant, pour tout domaine, que la seigneurie de Blâmont, que Berthe lui apportait en dot (33). Et la princesse de Lorraine, devenue comtesse de Pierre-percée, vint asseoir sa grandeur sur le rocher de Langstein.

Henri fit construire un nouveau castel sur les terres du monastère de Senones, au-delà du Donon, comme il avait été stipulé dans le traité de Metz. La maison de Salm venait d'éprouver, par son séjour dans les forêts, combien un double manoir lui était utile dans les Vosges. Ce nouveau castel prit le nom de *Salm*, en mémoire de l'ancien castel des Ardennes (34).

Le bon Ulric mourut dans son château de Blâmont, entouré des respects de sa fille unique.

Après nombre d'années, Berthe et Herman moururent sans enfants. Le comte de Pierre-percée devint leur unique héritier, et réunit sur sa tête la double couronne de Salm et de Blâmont.(35).

Mathilde, devenue comtesse de Hombourg, s'illustra par sa piété et ses bonnes œuvres. Après la mort de son époux, elle fonda l'abbaye de

Salival, près de Vic, pour le repos de l'âme du noble comte. Elle fit bâtir pareillement un castel autour duquel la ville de Château-Salins s'éleva la suite.

Renaud et Étienne de Bar accompagnèrent le roi Louis VII en Palestine, et revinrent finir leurs jours, le premier dans son château de Monçon, le second dans sa cité de Metz (36).

Et, conformément à la prédiction de l'ermite Isembaut, la maison de Salm n'a cessé de régner dans les Vosges, à côté du pouvoir ecclésiastique, que lorsque sa mission providentielle a été terminée par la suppression des monastères.

NOTES HISTORIQUES.

(1. Page 5.)

« Étienne de Bar était fils de Thierry I du nom, comte de Montbéliard, de Bar, de Monçon et de Ferrette. Sa mère était Ermentrude, fille de Guillaume II, surnommé *Tête-hardie*, comte de Bourgogne, et sœur du pape Calixte II, auparavant Guy de Bourgogne, archevêque de Vienne. *Histoire de Lorraine*, par Dom Calmet, tome 2, page 71.

« L'évêché de Metz étant vacant en 1120, Calixte, à la recommandation du comte de Bar, son beau-frère, y nomma Étienne, son neveu, et lui donna la qualité d'*Archevêque*. » *Ibid.*

Calixte sacra lui-même son neveu évêque de Metz, lui accorda l'usage du *Pallium* pour sa vie durant, et le nomma *Cardinal*. » *Ibid.*, page 72.

(2. Page 6.)

« Étienne de Bar, évêque de Metz, prit et démolit les châteaux de Terli, ceux que le duc de Lorraine avait à Vic, et entre Vic et Marsal ; le château du comte de Hombourg, au-dessus de Marsal, et plusieurs autres. Il fortifia

Rambervillers ; il donna à son église le château de Lucebourg et celui de Hombourg, ceux de Viviers, de Mirbault et de Fauquemont ; réduisit les rebelles de Deneuvre et d'Apremont. Il prit de force le château de Pierre-percée, et donna au duc Mathieu la vouerie d'Épinal. Il prit et brûla le château de Dieulewart, prit de même la tour de Thiécourt et la forteresse de Vatimont, et assiégea le château de Presny, qu'il aurait pris si son frère, le comte de Bar, ne l'en avait détourné. » *Histoire de Lorraine*, tome 1er., *table, article* ÉTIENNE DE BAR.

Étienne de Bar est, sans contredit, le prélat le plus remuant et le plus guerrier qui ait foulé la terre de Lorraine, et peut-être que la terre ait porté. Sa personne est, en quelque sorte, le type du prélat guerroyant, et du prêtre qui abandonne le soin de son troupeau pour courir après les choses de ce monde. Saint Bernard, qui était bien capable de juger cet homme, a eu plusieurs démêlés avec lui, et il écrivit au pape Innocent II, successeur de Calixte II, une lettre qui est bien propre à faire connaître l'esprit qui animait Étienne. Cette lettre est écrite au nom d'Albéron, archevêque de Trèves, métropolitain des évêchés de Metz, Toul et Verdun. Voici en quels termes Albéron se plaint par la plume de saint Bernard :

« Un de mes grands sujets de douleur est que j'ai des suffragants qui sont jeunes et de grande naissance. Ils devraient être mon soutien, et plût à Dieu qu'ils ne fussent pas mes adversaires! Mais je me tais, et j'aime mieux qu'un autre que moi vous fasse connaître leurs mœurs et leur conduite. J'ose pourtant vous dire que le droit, la justice, la religion, l'honnêteté, sont perdus dans nos évêchés. » *Hist. de Lorraine, tome* 2, *page* 24.

Dans une autre lettre au souverain pontife, saint Bernard s'exprime ainsi :

« Que ferez-vous aux évêchés de Metz et de Toul, puisque, pour dire vrai, ils paraissent être sans évêques (*Ibid.*)? »

Toutefois Étienne se réconcilia avec Bernard, et fit preuve, vers la fin de sa vie, de grands sentiments de piété.

« Étienne se réconcilia à saint Bernard, ou plutôt il fit cesser les sujets de plainte que son métropolitain faisait contre lui, *etc.* » *Hist. de Lorr., tome* 2, *page* 75.

(3. *Page* 8.)

« Renaud I, comte de Monçon en 1102, succéda (dans le comté de Bar) à Thierry, son père. » *Hist. de Lorraine, tome* 1er., *page* CXCIV.

Renaud accompagna son frère Étienne dans la plupart de ses expéditions. Il est donc probable qu'il fit avec lui le siége de Pierre-percée.

« Étienne, fortifié du secours de son frère Renaud, comte de Bar, et de celui de ses amis, reprit dans peu de temps tout ce qu'on avait usurpé sur son église. » *Hist. de Lorraine, tome* 2, *page* 75.

(4. *Page* 10.)

« Quand Ursin, évêque de Verdun, fut obligé d'aller à la cour du roi Lothaire, pour recevoir l'investiture du temporel de son évêché, Renaud, comte de Bar, qui avait toujours à cœur de se rendre maître absolu de Verdun, profitant de son absence, entra inopinément dans la ville, accompagné de plusieurs soldats, d'une grande troupe de maçons, de tailleurs de pierres, de manœuvres et d'ouvriers de toutes sortes, tout prêts à exécuter ses ordres. Il commença par renverser et couper le bois de futaie et les arbres du jardin épiscopal, qui était situé sur une éminence qui dominait toute la ville, et fort propre à y construire une forteresse. Renaud y fit travailler en diligence et sans relâche, et y eut bientôt construit une grosse tour en forme de château, dans laquelle il mit une nombreuse garnison de ses gens les plus affidés, par le moyen desquels il se rendit maître de la ville et des environs, et commença à exercer toutes sortes de violences contre le peuple et contre le clergé. Il renversa les maisons de quelques chanoines, en chassa les uns, pilla les autres, et opprima le peuple, qui n'osait même ouvrir la bouche pour se plaindre. On voit encore le lieu où était ce fort ; et les débris qui en restent ont conservé le nom de *Tour du Voué.*

« Le comte Renaud ayant appris que l'évêque Ursin revenait de son voyage, mit une embuscade sur le chemin pour le prendre. Il se saisit des prêtres, des clercs et des vassaux qui l'accompagnaient ; mais l'évêque eut le bonheur de se sauver. Il arriva à Reims, et n'osa revenir à Verdun, pour n'être pas obligé de voir ce qu'il n'était pas capable d'empêcher, et d'entendre ce qui ne pouvait que lui causer du déplaisir.» *Hist. de Lorraine,* tome 2, page 99.

(5. Page 17.)

« Gislibert, comte de Luxembourg et de Salm,.... eut

pour fils 1º. Conrad, comte de Luxembourg, 2º Henri, 3º Herman I, comte de Salm, qui fut élu empereur en 1081, contre l'empereur Henri IV. Gislibert vécut jusque vers l'an 1056. » *Hist. de Lorraine, tome 1er, page ccx.*

(6. *Page* 18.)

« Frédéric, comte de Luxembourg, eut pour fils.... Gislibert, qui lui succéda ; *et* Adalbéron, III du nom, évêque de Metz. » *Hist. de Lorraine, tome 1er, page ccxxvi.*

(7. *Page* 18.)

« Herman I, tige des comtes de Salm, ayant été élu empereur en 1081, laissa le comté de Salm à son plus jeune fils, nommé Herman comme lui, lequel fut la tige des comtes de Salm de Vosge. » *Hist. de Lorraine, tome 1er, page ccix.*

(8 *Page* 19.)

Une inscription, d'ailleurs illisible et d'une forme barbare, trouvée dans les ruines du château de Pierre-percée il y a 25 ans, porte les chiffres **CM**, qui indiquent sans doute l'année de sa fondation.

(9. *Page* 19.)

« Herman, qui avait été élu roi des Romains (*ou empereur d'Allemagne*), voyant que le parti de Henri était le plus fort, abdiqua son titre et se réconcilia avec son compétiteur. Quelque temps après, il fut écrasé par une pierre, en formant le siége d'un château. » *Krantz, cité par M. Gravier, Histoire de l'arrondissement de Saint-Dié, page 94.*

Rien n'indique devant quel château l'empereur

Herman fut tué. Mais 1°. il est certain que ce château était en Lorraine : la note suivante nous l'apprendra. 2°. Il est très-probable que ce château était situé dans les montagnes, car ce n'est que dans les châteaux bâtis sur des hauteurs, comme l'est celui de Pierre-percée, que l'on avait coutume de se défendre à coups de pierres, ou plutôt en roulant contre l'ennemi des fragments de rochers. 3°. Il est très-probable encore, pour ne point dire certain, que ce château situé dans la partie montueuse de la Lorraine est celui de Pierre-percée ou Langstein, puisque c'est là que les comtes de Salm ont fixé leur résidence en arrivant dans les Vosges, comme nous le verrons dans la suite de ces notes. Aucun titre d'ailleurs n'indique qu'ils aient tenté de s'asseoir sur un autre point. Il est certain d'ailleurs que les comtes de Salm n'ont point été fondateurs de Pierre-percée, puisque ce castel avait une existence quelconque depuis l'an 900, et que la maison de Salm n'a paru dans les Vosges que sur le fin du onzième siècle (*Voir la note* 7). Il a donc fallu que l'empereur Herman ou son fils en fît la conquête, et par conséquent qu'il en formât le siége, car aucun titre ne prouve qu'il leur ait été donné. Loin de là, puisqu'ils sont venus dans les Vosges pour défendre le monastère de Senones contre les brigands qui le désolaient, il a bien fallu qu'ils combatissent en arrivant, et qu'ils se créassent une demeure à la pointe de l'épée. Si l'évêque Adalbéron avait eu un château fort à leur donner dans le voisinage de Senones lorsqu'il les y envoya, il ne les y aurait point envoyés dans l'unique but de protéger le monastère de Senones contre les malfaiteurs qui commettaient des brigandages dans le pays, car des malfaiteurs n'auraient pu s'y livrer au brigandage s'il y avait eu d'abord un château et des seigneurs pour les tenir en bride. C'est l'occupation du repaire de ces brigands qui a dû nécessairement être le premier but de leurs travaux et l'objet de leur mission.

Ainsi il est constant que les comtes de Salm ont dû combattre pour se mettre en possession d'une demeure. Il est constant que cette demeure a été le château de Pierre-percée, puisqu'ils ont d'abord habité là. Il est constant encore que l'empereur Herman a perdu la vie en Lorraine en faisant le siége d'un château situé sur une hauteur, et qu'il n'a pas eu le temps de former le siége de plusieurs châteaux, puisqu'il mourut *peu de temps* après son arrivée en Lorraine (*Note* 10). De tous ces rapprochements je crois être en droit de conclure que ce château est celui de Pierre-percée, et que c'est en versant son sang au pied de ce rocher que l'empereur Herman, dépossédé de l'empire, a créé un avenir de six siècles à sa maison.

(10. Page 19.)

« L'empereur Herman, qui était à la tête du parti catholique, se retira en Lorraine et y mourut *peu de temps après*, en l'an 1088. Il fut enterré à Metz avec honneur. » Jean de Bayon, *cité par M. Gravier, ibid.*, page 94.

(11. Page 22.)

Le culte de saint Antoine existe encore aujourd'hui dans la paroisse de Pierre-percée.

(12. *Pape* 22.)

« *Fondation de l'abbaye de Haute-Seille, ordre de Citeaux, par Agnès, comtesse de Langstein ou Pierre-percée.*

« Étienne, évêque de Metz, etc. Sache la génération présente et la génération à venir que la comtesse Agnès de Langstein, avec ses fils Henri et Herman, CONSULS, et Conrad, comte,.... ont donné, d'un commun accord, à Dieu et à sainte Marie de Haute-Seille (*Alta Sylva*) tout ce qu'ils possédaient dans la paroisse de Tanconville, tant en prés que forêts, pâturages, terres cultes et incultes ; de manière que tous ceux qui se consacreront au service de Dieu dans ce monastère en jouissent à jamais, en toute liberté et sans aucune contradiction, comme les donateurs en ont joui eux-mêmes. *Etc. etc.* » Hist. de Lorraine, tome 2, preuves, page. cccxlix.

« L'abbaye de Haute-Seille.... est une fille de l'abbaye de Theully, au comté de Bourgogne..... Les premiers Religieux qui y vinrent, en 1140, furent reçus par Agnès, comtesse de Salm, et par ses deux fils, Henri et Herman, comme des anges du ciel. On jeta les fondements de l'abbaye le 26 de mai de cette année. » *Hist. de Lorraine, tome, 2, page* 81.

(13. *Page* 23.)

Plusieurs membres de la famille de Salm ont porté le nom de *Comtes de Pierre-percée*. On trouve cette souscription apposée à un acte de 1127 : *Corradus, comes de Petrâ-perceiâ* (*Hist. de Lorraine, tome* 1er, *preuves, page cclxxxv*). Ce Conrad, *comte de Pierre-percée*, est sans doute le fils d'Agnès, comtesse de Salm, dont il est question dans l'acte de fondation de Haute-Seille. Il est donc bien établi que la maison de Salm occupait le château de Pierre-percée dès le commencement du douzième siècle; ce qui touche à son entrée dans les Vosges. Nous verrons dans la suite qu'elle seule, depuis ce temps, a toujours occupé ce castel, et qu'elle en a fait pendant plusieurs siècles le chef-lieu de ses possessions.

(14. *Page* 56.)

Ceux qui penseraient que c'est pour embellir notre sujet et mettre en relief le droit des comtes de Salm, que nous frappons sur les moines de Senones, prouveraient qu'ils n'ont point lu les archives de cette abbaye. Voici ce que raconte

Richer, qui était moine de Senones lui-même, et qui écrivait vers l'an 1215. Il parle des moines qui vivaient 70 ans avant lui, c'est-à-dire vers le moment où le siége de Pierre-percée a eu lieu.

« Les moines (de Senones) ne cherchaient point l'ordre, mais plutôt le désordre ; ils aimaient mieux courir aux divertissements qu'à l'église..... Ils se livraient à la débauche, à l'ivrognerie, et à toutes les joies mondaines ; et personne ne les en reprenait..... Voyant que tout leur était permis, ils prirent le parti de vivre pour eux-mêmes, et non pour le Christ. Chacun cherchait à vivre à sa fantaisie, et non selon la règle. *Fit congregatio taurorum in vaccis populorum, gloriantes in malitiá suá;* etc. etc. » *Chronique du monastère de Senones, par Richer, liv. 2, chap. 18.*

Ces désordres ne furent point un interrègne de discipline de quelques mois, mais ils continuèrent sans interruption sous le gouvernement de six abbés, c'est-à-dire, probablement, pendant plus d'un siècle.

« Les abbés se succédaient sans songer à changer de conduite et sans faire le moindre effort pour réformer les mœurs de ceux qui vivaient sous leurs ordres. Cette licence se perpétua sans le moindre changement sous le gouvernement de six abbés. » *Ibidem.*

Voilà quels étaient les hommes qui avaient la mission d'éclairer les peuples et de faire progresser les idées chrétiennes. Voilà quels étaient les hommes qui se pavanaient dans leur pouvoir souverain, et qui ne voulaient perdre aucun des priviléges attachés à la qualité d'enfants de saint Gondelbert. Est-il étonnant que les comtes de Salm, dont l'autorité s'entrelaçait souvent avec celle de ces apostats, n'aient point exercé cette même autorité selon leurs désirs? et n'ont-ils point pu être décemment en opposition avec eux? Il y a toujours du mérite à être en opposition avec ceux qui enfreignent tous les devoirs. Tout chrétien ne peut mieux faire que d'être en opposition avec le clergé, lorsque le clergé méconnaît sa mission et méprise la vérité. Au spirituel comme au temporel, il n'y a rien qui occasionne le despotisme et encourage les abus comme le silence. C'est marcher vers la tyrannie que de ne pas permettre l'opposition dans un gouvernement; et c'est détruire le Christianisme que d'ôter aux Fidèles le droit de censure sur leurs pasteurs.

L'oubli de la piété et du respect pour les choses saintes était porté si loin dans le temps et dans le lieu dont nous parlons, qu'un certain *Conon*, prêtre de Deneuvre et chasseur de profession, fut élu abbé de Senones bien qu'il fût connu pour mener avec lui ses chiens et ses oiseaux de proie jusque dans le sanctuaire. Et ce qu'il y a de surprenant, c'est que ce prêtre, devenu abbé, ne changea point de conduite et ne se montrait dans le chœur de l'abbaye de Senones qu'en habits mondains et avec un faucon sur le poing.

« *Accipitres suos, sicut priùs, in claustro, in choro, non cucullatus, portabat.* » *Ibid. liv.* 3, *ch.* 1.

Le peuple était trop abruti pour oser élever sa voix contre ses maîtres : pourquoi ses maîtres auraient-ils été plus modestes? Toute autorité se déprave lorsque rien ne la contrôle.

(15. *Page* 59.)

« Angelramne, archevêque de Metz et abbé de Senones,..... donna pour protecteur et pour patron à ce lieu saint Siméon, septième évêque de Metz, que ses miracles avaient rendu célèbre..... Malgré les mérites et la protection d'un si grand Saint, les moines de Senones ne voulurent point recevoir son corps. Ledit archevêque et abbé voulant donc, en homme prudent, laisser passer la fougue et la colère de ces emportés (*indignationis ferociam*), fit bâtir une chapelle sur un côteau qui est au midi du monastère ; et on y déposa ce merveilleux trésor..... Là, grâce à l'obstination des moines, le Bienheureux fit encore sentir pendant quelque temps la puissance de son intercession par des miracles sans nombre : *plenus miraculis permansit* ». *Chronique du monastère de Senones, par Richer, liv.* 2, *ch.* 2.

« L'évêque Angelramne mourut en 791. » *Hist. de Lorraine, tome* 1, *liste chronologique des évêques de Metz.*

(16. *Page* 80.)

« Peu de temps après l'entrée de saint Dié dans les

Vosges, il y avait à Toul un évêque d'une vertu aussi consommée (*æquè sanctissimus*), nommé BODON. Ce Bodon, mu par un saint zèle, établit sur ses propres terres un couvent de Religieuses qui fut appelé *Bon-Moutier*, ou *Monastère-Bodon*..... Mais Bertholde, un de ses successeurs (*l'an* 1010), ayant rasé cette maison, fit construire, un peu plus loin dans les montagnes, un nouveau monastère auquel il donna le nom de *Saint-Sauveur*, et dans lequel il fit entrer des Bénédictins. Ces Religieux en furent chassés dans la suite, et des chanoines de saint Augustin les remplacèrent. » *Chronique du monastère de Senones, par Richer, liv. 1, ch. 10.*

« Le monastère de Saint-Sauveur fut transféré, en 1569, à Domèvre, près de Blâmont. » *Hist. de Lorr., tome 3, liste chronologique des abbés de Saint-Sauveur*.

C'est à ce Bodon, qui a été évêque de Toul depuis 666 jusqu'en 675, que la ville de Badonviller doit son nom actuel. Elle s'appelait auparavant *Phaltzveiller*, et était fort peu de chose. Le même Bodon fonda sur ses propres domaines le monastère d'Étival, aussi bien que celui d'Offonville (aujourd'hui *Fenneviller*). Il paraît que toute cette partie de l'entrée des Vosges lui appartenait. Il est mis au nombre des Saints, et l'Église célèbre sa fête le 11 Septembre (*Voir l'Hist. de Lorraine, tome 1er., page 432 et suivantes*).

Pourquoi, lorsque saint Dié est devenu le patron d'un diocèse, l'évêque Bodon, qui, au rapport de l'historien de ces temps, égalait en vertus le patriarche des Vosges, n'est pas même connu dans les contrées où il a jeté les premiers éléments de la civilisation? La ville de Badonviller, qui, il y a à peine deux siècles, s'appelait *Bodon-Villers* (c'est-à-dire *Terre de Bodon*), aurait dû se montrer plus reconnaissante envers le Bienheureux dont elle porte le nom, et qui probablement a jeté les premières semences du Christianisme dans son sein. Le même reproche serait à faire à la ville de Senones, qui a tout-à-fait oublié saint Gondelbert, ce célèbre archevêque de *Sens* à qui elle doit son origine. La liturgie ne serait que plus vénérable et plus belle si, en s'associant à l'histoire et en alliant le patriotisme aux choses saintes, elle donnait pour patrons aux paroisses les saints hommes qui les ont en quelque sorte divinisées par leur contact et qui ont posé le pied sur leur sol. Saint Martin s'est-il jamais assis à Badonviller, et saint Maurice a-t-il jamais été autrement qu'en effigie dans le val de Senones? Quel intérêt peuvent porter ces deux Saints, après leur mort, à des contrées qu'ils n'ont point connues étant vivants? Quand est-ce que les évêques sauront s'associer aux desseins de la Providence, et rendre à chaque Saint son héritage, aussi bien qu'à chaque homme la part de justice qui lui est due?

(17. *Page* 81.)

« Simon (II), dégoûté du monde et songeant sérieusement à assurer son salut, se retira dans l'abbaye de Stulzbronn, fondée par son aïeul, Simon I. » *Hist. de Lorraine*, tome 2, *page* 130.

(18. *Page* 92.)

« Vers ce temps-là, Maherus, de race impériale et fils de Mathieu, duc de Lorraine, avait la prévôté de l'église de Saint-Dié...... Il mena d'abord une conduite assez réglée ; il était très-bel homme, et se faisait aimer du chapitre. Lorsque le siége de Toul vint à vaquer, il fut promu à l'évêché de cette ville.

« Dans la suite, l'évêque Maherus fut mis en jugement comme prévenu de dilapidation des biens de son évêché. Les juges ne pouvant ou ne voulant point terminer ce différend, on en appela au pape Innocent III. Un certain Frédéric, archidiacre, se présenta devant ce pontife au nom des accusateurs. Maherus était en route et approchait déjà de Rome, lorsque le délai fixé pour sa justification expira. Son adversaire pressait le souverain pontife de décider la question ; mais celui-ci, sachant que Maherus n'était plus qu'à 50 milles de Rome, ne se pressait point de fulminer sa sentence. Sur ces entrefaites, Maherus, croyant sa cause perdue, rebroussa chemin, et regagna son évêché ; ce qui força le pape, qui avait de l'estime pour lui, de prononcer son interdiction (*invitus tulit contra eum sententiam*)....

« L'affaire ainsi terminée, Renaud, fils du grand échanson du roi de France,.... fut nommé à l'évêché de Toul à la place de Maherus, qui retourna à sa prévôté de Saint-Dié. Là il se fit une demeure entre les deux églises, employant à cet usage les pierres d'une tour qui était tombée en ruines. Il avait une fille d'une grande beauté (*miræ formositatis*), qu'il avait eue d'une Religieuse d'Épinal. Il commença à l'admettre à son lit et à sa table : on dit même qu'il en eut des enfants. Le duc Ferri, son frère, étant venu lui reprocher l'infamie de sa conduite, Maherus répondit que cette personne n'était point sa fille. Le duc reprit : — Au moins vous vous êtes conduit fort légèrement avec sa mère, et voilà que, bravant toute pudeur, vous recommencez avec la fille. — Maherus resta confondu. Le duc donc fit garotter la jeune personne, et on la conduisit dans le château de *Bilistein*, en Alsace........

« Dès auparavant, sous le règne du duc Simon, son oncle, Maherus avait fait construire un château fort sur un rocher de la montagne de Clairmont, près de Saint-Dié. Ce château ne subsista pas longtems, parce que Ferri, duc de Lorraine, joint à son père Ferri de Bitche,...... le fit détruire...... Et comme le duc Simon avait aussi fait renverser la maison que Maherus avait bâtie entre les deux églises (et avec justice, tant parce que cette maison avait été construite avec les pierres de l'église que parce qu'il s'y était commis des actions criminelles), le grand-prévôt, se trouvant sans domicile, parcourait les montagnes et les forêts, avec ses chiens et ses veneurs, et s'arrêtait de préférence sur la montagne de Clairmont, à l'endroit où il avait fait construire un château. Il y avait sur le sommet de cette montagne une église dédiée à sainte Madeleine, et quelques cellules habitées par des solitaires. C'est là qu'il se cachait.

« L'évêque Renaud venant dans ces contrées pour faire la visite de son diocèse, célébra la fête de Pâques à l'abbaye de Saint-Sauveur. Ensuite il se rendit au monastère de Senones, en la compagnie de plusieurs Religieux et de plusieurs clercs...., et y chanta la messe le lundi de Pâques. A l'entrée de la nuit, deux hommes qui étaient envoyés par Maherus pour épier la marche de l'évêque de Toul, arrivèrent au même monastère : l'un était clerc et l'autre laïc...... Le lendemain matin, ils sortirent sans rien dire. Renaud dîna après avoir dit la messe, puis il se rendit à l'abbaye de Moyenmoutier, où il ne s'arrêta presque pas, car son dessein était d'aller coucher à l'abbaye d'Autrey, en passant par Étival. Après avoir traversé le village de la Bourgonce, il entra dans une gorge dominée, d'un côté, par une montagne couverte d'une épaisse forêt....., tandis que, du côté opposé, un marais profond longeait le sentier. Or Maherus avait fait joncher le terrain de troncs d'arbres, à droite et à gauche, afin que personne ne pût s'écarter du chemin......, et ce chemin était si étroit qu'un char pouvait à peine y passer. C'est cet endroit que Maherus avait choisi pour y dresser des embûches à son successeur. Lorsque l'évêque arriva, les complices de Maherus s'élancèrent de leurs retraites, et commencèrent par renverser de cheval Étienne, abbé de Saint-Mansui. Après l'avoir blessé et dépouillé, aussi bien que les autres, ils arrivèrent à l'évêque, qu'ils dépouillèrent aussi et qu'ils maltraitèrent cruellement. Enfin un nommé *Jean*, de la ville de Saint-Dié, lequel avait été au service de la fille du grand-prévôt........, le frappa trois fois dans la poitrine et deux fois dans le dos, avec un couteau qu'il portait à sa ceinture. Ensuite, se saisissant de ses dépouilles, il le jeta dans le marais, tout nu et sans vie..... En revenant, ils rencontrèrent Maherus qui tenait une baliste en main, lui rendirent compte de ce qui s'était passé, et le menèrent au lieu où était le cadavre de l'évêque. Après s'être assuré que toute chaleur vitale avait quitté sa poitrine, le prévôt tourna bride et se retira dans les montagnes avec ses complices. Parmi eux étaient deux hommes d'église, dont l'un s'appelait *Terricus*......

« Le corps de l'évêque Renaud fut conduit à Toul....., et y fut enterré avec beaucoup d'honneur dans l'église de saint Étienne, premier martyr.

« Quant à la fille de Maherus, qui s'appelait Alix, elle se maria à un archer de Gerbéviller. Ayant suivi son mari en Allemagne, elle y mourut peu de temps après dans un château de l'empereur, appelé *Gronoberg*, et obtint à peine la sépulture chrétienne. » *Chronique de Moyenmoutier, par Jean de Bayon, chap. 96 et suivants.*

(19. *Page* 95.)

« Ferri I, de Bitche, frère de Simon II, succéda à ce prince dans le gouvernement du duché. Ses enfants furent Ferri II, son successeur ;...... Philippe, seigneur de Gerbéviller. » *Hist. de Lorraine, tome 1ᵉʳ, généalogie des ducs de Lorraine.*

(20. *Page* 114.)

M. Gravier prouve que la contrée dont nous parlons ici appartenait jadis à saint Remi, qui donna le baptême à Clovis, et que cet évêque y envoya une colonie de Chrétiens avant que saint Dié et saint Gondelbert eussent paru dans les Vosges. Le mont *Repy*, ou *Erpy*, est désigné expressément dans le testament du prélat : *Erpeïum in Vosago*. D'où il est aisé de conclure que le nom qui a été donné au village de *Saint-Remi*, qui touche à cette montagne, n'est point accidentel, et que la fondation de son église se rattache à ces anciens temps.

(21. *Page* 117.)

« A la Pentecôte suivante, Maherus, ayant appris que le duc de Lorraine, son parent, venait à Saint-Dié avec des troupes, pour y solenniser cette fête, résolut de rentrer lui-même secrètement dans cette ville.... On avait rapporté au duc que les amis de Renaud le soupçonnaient d'être complice du meurtre commis sur la personne de ce prélat; ce qui lui causait un violent chagrin. Maherus n'osait donc se présenter devant le duc, son neveu; et comme il n'y avait pour lui aucune sûreté dans le val, il monta sur la montagne de Clairmont, sa retraite ordinaire, pour y célébrer, tant bien que mal, la fête de la Pentecôte avec quelques-uns des siens. Je dis *quelques-uns*, car chacun commençait à le mépriser et à l'abandonner dans sa disgrâce. Le matin de la Pentecôte, il se montra à quelques habitants de Saint-Dié qu'il savait lui être dévoués, et leur demanda s'il pouvait en toute confiance paraître devant le duc pour lui demander pardon. Ils lui dirent que non, attendu que son neveu cherchait à lui donner la mort pour dissiper les soupçons qui planaient sur lui. A cette nouvelle, Maherus regagna la montagne. Le mardi suivant, le duc et un gentilhomme de sa suite, nommé Simon de Joinville, montèrent à cheval et se dirigèrent vers le village de Nompatelize, par Belmont. Lorsqu'ils arrivèrent à un petit ruisseau qui traversait le chemin, Maherus parut tout-à-coup devant eux. A cette vue, le duc entra violemment en colère et dit à

Simon : — Si vous m'aimez, percez cet homme de votre lance. — Que Dieu me préserve, répondit le gentilhomme, de porter la main sur un homme de cette qualité et de ce mérite (*Absit quòd tantum ac talem occidam virum*) ! — Le duc, entendant ces paroles, prit la lance des mains de Simon, et fondit sur Maherus. Celui-ci, voyant la fureur de son neveu, s'était mis à genoux et demandait pardon. Mais le duc, sans être touché de ses témoignages d'humilité, le perça de sa lance et le laissa mort. Quelques personnes ayant trouvé son cadavre au milieu du ruisseau, le relevèrent et le portèrent à Saint-Dié ; et, parce qu'il méritait de périr de cette manière, on lui refusa la sépulture ; et il demeura pendant quelque temps suspendu dans une espèce de coffre en bois en dehors de l'église de sainte Madeleine, sur la montagne de Clairmont. Enfin, dit-on, on jeta son corps dans une fosse qui avait été faite pour prendre des animaux sauvages, et on la combla de bois et de pierres. » *Chronique de Moyenmoutier*, par Jean de Bayon, ch. 100.

(22. Page 135.)

« Nous allons parler d'une jeune fille dont la ruse fit bien des dupes. Comme tout le pays connaît cette histoire, nous ne nous ferons pas scrupule de la raconter jusque dans les moindres détails. La fille dont nous parlons demeurait à Marsal, petite ville dans l'évêché de Metz. Voyant que certaines femmes vivaient, sous prétexte de piété (*specie religionis*), sous la direction des frères prêcheurs, elle voulut, comme elles, afficher la dévotion dans ses mœurs et dans ses discours. Elle allait tous les jours à matines et assistait à plusieurs messes dès le matin, comme les *béguines* (c'était le nom de ces dévotes) avaient coutume de le faire. En un mot, elle fit si bien, qu'elle gagna les bonnes grâces des principaux habitants de la ville, et qu'une dame du lieu, éblouie par ses œuvres de parade, lui offrit un asile chez elle, d'accord avec son mari. Elle fit entendre à cette dame qu'elle recevait quelquefois la visite des anges ; ce qui fit que la bonne matrone lui donna une chambre dans laquelle elle pût vaquer librement à ses exercices de dévotion.

« La jeune fille, voyant que ce plan lui réussissait et qu'il n'était bruit que de sa sainteté, prit la hardiesse de pousser la ruse plus loin. Elle annonça que quelquefois son âme était ravie dans le ciel, et pour donner la preuve de ce prodige, elle demeurait sans mouvement sur son lit, passant des jours entiers sans boire ni manger. Son hôtesse croyait tout ; elle fermait soigneusement la porte de sa chambre, et n'y laissait entrer personne. Pendant la nuit, la jeune fille avertissait par ses gémissements que son âme était redescendue sur la terre, et son hôtesse accourait pour lui offrir des aliments qu'elle n'avait garde de prendre, car elle disait qu'elle était tellement rassasiée des mets du ciel qu'elle ne pouvait plus souffrir les mets de la terre. On découvrit dans la suite qu'un jeune prêtre de l'endroit, qui lui était très-attaché, venait la visiter secrètement pendant la nuit, et qu'il lui apportait des mets très-friands, aussi bien que des essences qui remplissaient la chambre d'une si bonne odeur, que l'on eût dit qu'elle ne pouvait être que l'effet de la présence des anges. Ce prêtre avait soin de cacher sous le lit ce qu'elle ne pouvait manger sur l'heure, afin qu'elle eût de quoi vivre les jours suivants. Pour qu'il pût pénétrer sûrement jusqu'à elle, la jeune fille recommandait à la maîtresse de la maison de ne point s'inquiéter si quelquefois pendant la nuit elle entendait des portes s'ouvrir ou bien d'autres bruits, parce que le démon venait la tourmenter outre mesure.

« Tout le monde étant ainsi trompé, les frères prêcheurs et les frères mineurs vinrent la visiter pour voir ce qu'il en était ; mais ils ne trouvèrent rien qui sentît la fourberie. Au contraire, ils prenaient la sainteté et l'état de cette jeune fille pour la matière ordinaire de leurs sermons. Que dirons-nous ? L'évêque de Metz lui-même vint la voir : les comtes, les chevaliers, les clercs et les moines, des hommes et des femmes de toute condition, s'empressaient d'être les témoins de tant de merveilles. Mais tous n'avaient pas le privilége d'entrer dans sa chambre, parce que, lorsqu'elle apprenait que beaucoup de monde désirait la voir, elle disait que son âme allait être enlevée au ciel pour trois jours, et personne ne pouvait entrer. Et tous les curieux s'en retournaient en racontant à chacun ce qu'on leur avait dit d'elle dans Marsal.

« L'évêque de Metz donc, avec ses clercs et les frères prêcheurs qui étaient venus avec lui, voulut s'assurer si véritablement la jeune personne vivait sans boire et sans manger, et si son âme était au ciel, comme elle le disait. Il la fit en conséquence transporter dans une autre demeure. Elle ne voulut pas que quelqu'un passât la nuit avec elle dans sa chambre, quoique le diable la tourmentât cruellement, parce que les anges faisaient garde autour d'elle. Toutefois on l'observait si bien qu'elle ne pouvait ni boire ni manger. Pour faire preuve de ce qu'elle avait dit, la nuit, après avoir passé la journée dans une extase simulée, elle prit les plumes de son lit et les dispersa dans sa chambre, aussi bien que dans d'autres parties de la maison. Et ceux qui la gardaient et qui les virent ne manquèrent pas d'attribuer ce désordre à l'esprit malin...... Elle demeura ainsi dans cette maison trois jours et trois nuits sans prendre de nourriture. Voyant enfin qu'elle ne pouvait supporter la faim plus longtemps, elle pria l'évêque de la faire reconduire dans la maison où elle était d'abord, alléguant pour prétexte qu'elle avait appris par révélation que si elle demeurait plus longtemps dans ce lieu, où le démon avait tant de prise sur elle, il finirait par la mettre en pièces. L'évêque eut la bonne foi de la croire et de la faire reconduire dans la première maison.

« Sybille (c'était le nom de la jeune fille) voyant que l'évêque, les frères prêcheurs, les frères mineurs, et tous ceux qui venaient la voir, donnaient dans le panneau, n'en devint que plus entreprenante. Elle se fit faire un manteau noir, avec un capuchon qui imitait la figure du diable..... Quelquefois elle sortait de sa chambre pendant la nuit avec cet accoutrement diabolique ; elle se montrait ainsi à un grand nombre de personnes et leur adressait la parole ; et, ce qu'il y a de plus étonnant, elle courait en cet état dans les rues de Marsal, disant à tous ceux qu'elle rencontrait qu'elle était le diable qui tourmentait cette maudite Sybille ; et lorsqu'elle avait mis tout le monde en fuite, elle retournait secrètement dans sa chambre.

« Il arriva un jour qu'un homme mal famé de l'endroit vint à mourir. Sybille, ayant entendu parler de cet évènement, voulut en profiter. La nuit suivante, elle mit son masque, se présenta à la porte de sa chambre, et dit avec une voix horrible à tous ceux qui étaient là : — Hé ! hé ! que cette méchante Sybille m'a fait de tort aujourd'hui, en m'arrachant mon ami qui est décédé ce matin ; car elle vient d'être enlevée au ciel, d'où elle ne reviendra que dans trois jours ; et elle a délivré par ses prières cet homme que déjà je regardais comme mien, et que je voulais conduire dans mon grand pré ! — On lui demanda ce que c'était que son grand pré. A quoi elle répondit : — J'ai un pré agréable et d'une immense étendue où je mène promener mes amis. Ce pré est toujours arrosé de souffre et de feu. On y voit de beaux reptiles, des vipères, des serpents, des couleuvres, des crapeaux.... C'est avec ces gentils animaux que je fais jouer mes amis ; c'est là que les anges qui sont à mes ordres leur font prendre un bain de souffre. Je déchirerais volontiers cette fille qui m'a enlevé aujourd'hui un si bon camarade ; mais je n'ose, parce que les anges la gardent... Prenez garde seulement à mon grand pré.

« L'évêque ne doutait nullement que l'auteur de cette harangue ne fût le diable en personne. Le jour suivant, il entra dans la chambre de Sibylle avec sa suite, et la trouva couchée sur son lit, ayant la figure toute rouge, et ressemblant à une personne endormie. Elle était couverte de draps d'une blancheur et d'une finesse si extraordinaires, et le voile qui lui couvrait la tête était d'une texture si délicate, que l'on aurait dit que tout cela ne pouvait point être fait de main d'homme..... Comme personne n'osait la toucher, on demanda à son hôtesse d'où venait ce linge si fin et imprégné d'une si bonne odeur. L'hôtesse répondit qu'elle avait souvent trouvé Sybille ainsi parée lorsqu'elle revenait du ciel ; elle ajouta que la jeune personne lui avait dit que les anges faisaient son lit, qu'ils lui avaient donné ces ornements, aussi bien qu'une eau qui avait la vertu de chasser le démon. Il y avait en effet près de son chevet un petit vase dans lequel Sybille elle-même avait mis de l'eau. On dit que l'évêque s'en aspergea dévotement, aussi bien que toutes les personnes qui étaient là, pour se garantir des pièges du démon, et même qu'ils en burent tous, quoiqu'elle fût assez malpropre. Enfin, déjà l'évêque avait proposé de bâtir une église pour y placer honorablement cette divine créature et pour contenter la curiosité du public, lorsque tout-à-coup ce proverbe de l'Évangile, *Il n'y a rien de si caché qui ne se découvre*, reçut son application.

« Un jour que Sybille avait annoncé qu'elle allait être ravie au ciel, et que, sa porte étant fermée à clef, chacun était allé se livrer au repos, elle se leva, et, tout en faisant son lit, elle se mit à prononcer un dialogue dans lequel elle faisait tantôt intervenir le démon, donnant à sa voix un accent horrible ; tantôt répondant sur un ton plus doux, comme si un ange eût été en querelle avec l'esprit malin. Un Religieux s'approcha de la cloison pour mieux entendre ces débats. Il trouva par hasard une petite fente à travers laquelle il vit que la jeune fille, loin d'être en extase, s'occupait à faire son lit. Il appela aussitôt l'évêque, et lui montra ce qui se passait. L'évêque fit à l'instant briser la porte. Sybille se jeta dans son lit sans prendre le tems de l'achever. On l'en arracha de force, et on lui fit avouer tout. Elle dit qu'elle avait des aliments cachés sous son lit, et on les y trouva en effet.

« L'évêque, les Religieux et tous les autres, voyant qu'ils avaient été pendant si longtemps le jouet de cette malheureuse, tombèrent dans une affliction profonde. Ils avaient devant les yeux le masque et la robe du démon, les aliments dont elle se nourrissait, les linges dont elle se parait, et tout ce qui lui avait servi à tromper tant de personnes d'un rang et d'un mérite distingué ; et ceux qui passaient pour les plus sages étaient les plus confondus. Les uns criaient qu'il fallait la brûler vive, les autres demandaient qu'on la noyât ; quelques-uns voulaient qu'elle fût enterrée vivante. Les béguines, qui se trouvaient là, ne pouvaient supporter la honte de cette scène. Elles se couvraient le visage de pudeur, et s'en retournaient chez elles en poussant de grands cris. L'évêque tout honteux, et ne pouvant endurer un pareil affront, voulut d'abord la tuer. Cependant, revenant à la raison, il se contenta de la faire mettre dans un cachot, où on lui faisait passer un peu de pain et d'eau par une fenêtre étroite. Mais elle ne vécut plus longtemps et fut trouvée morte dans sa prison. C'est ainsi que Dieu brise les œuvres qui ne sont pas de lui. » *Richer, liv. 4, ch. 18.*

(23. *Page* 144.)

L'accusation que nous mettons ici dans la bouche d'Étienne de Bar a été formée par le moine Richer contre le fils et le successeur immédiat de notre héros.

« C'était un homme plein de courage et d'orgueil, si plein de confiance dans ses forces et dans sa jeunesse, qu'il aspirait à conquérir le trône d'Allemagne. » *Liv. 4, ch. 26.*

(24. *Page* 168.)

« Vers le même temps (1084) fut dédiée en l'honneur de la Trinité l'église de *la Mer*, à deux lieues de l'abbaye de Senones, dans une solitude affreuse, sous l'abbé Bercher, et à la poursuite de Régnier, fondateur de cette église, qui est accompagnée aujourd'hui d'un ermitage. » *Hist. de Lorraine, tome 1er, page* 1187.

(25. *Page* 224.)

« Ferri I, de Bitche,.... avait épousé Ludomille de Pologne, fille de Miczlaus, roi de Pologne, dont il eut.... Judithe, qui épousa Henri II, comte de Salm. » *Hist. de Lorr.,* *tome 1*^{er}*, généalogie des ducs de Lorraine.*

(26. Page 242.)

« Saint Bernard étant entré dans la ville de Metz,.... on lui présenta une femme de la ville, qui était paralytique et qui était portée sur son lit. Il pria, étendit sur elle son manteau..... Elle s'en retourna, reportant son lit en présence de tout le monde. » *Hist. de Lorraine, tome 2, page 77.*

(27. Page 243.)

« Une autre fois, comme le Saint était dans une nacelle pour éviter la foule du peuple, un aveugle qui était sur le bord de l'eau cria à un pêcheur *etc*.... Saint Bernard en eut pitié, lui imposa les mains, et lui rendit incontinent la vue..... C'est dans le même voyage qu'il obligea Henri, comte de Salm, à faire la paix avec ceux de cette ville. » *Hist. de Lorraine, tome 2, page 78.*

(28. Page 246.)

« Étant un jour dans la même ville, il alla visiter la maison qu'on nomme à présent *le petit Clairvaux*, et qu'on appelait alors les *Scotes*, où demeurait une communauté de filles dont la vie n'était pas fort édifiante. Saint Bernard demanda cette maison à l'évêque Étienne, qui la lui accorda sans peine. Le Saint y mit des Religieuses de son ordre. » *Hist. de Lorraine, tome 2, page 78.*

(29. Page 255.)

« Comme il sortait de la ville, accompagné de l'évêque Étienne,..... de Henri, comte de Salm, et suivi d'une foule innombrable de personnes, il priait avec beaucoup d'instance Henri, comte de Salm, de donner la paix à la ville de Metz, contre laquelle il était fort irrité. Le comte le refusait avec beaucoup d'opiniâtreté, et protestait qu'il n'en ferait rien. Dans ce moment, on présenta au Saint un homme sourd, et on le pria de lui imposer les mains. Alors, transporté de zèle, rempli de foi, et se tournant vers le comte avec un air d'autorité qu'il savait prendre dans l'occasion, et qui inspirait le respect et la terreur à ceux qui voyaient l'éclat de son visage, il lui dit : *Vous faites la sourde oreille à mes prières et à mes remontrances ; et moi je vais vous montrer qu'un sourd entendra ma parole.* Aussitôt il imposa les mains au sourd, fit sur lui le signe de la croix, lui mit les doigts dans les oreilles, et le guérit. Le comte, effrayé et tout tremblant, se jeta aux pieds du Saint, lui demanda pardon, et promit de faire ce qu'il demandait de lui. » *Hist. de Lorraine, tome* 2, *page* 78.

(30. *Page* 258.)

« La comtesse Agnès de Salm, fondatrice de Haute-Seille, est, dit-on, enterrée à Raon-les-Leau. » *Notice de la Lorraine,* art. HAUTE-SEILLE.

(31. *Page* 259.)

L'histoire rapporte qu'Étienne de Bar attaqua le château de Pierre-percée et le força à se rendre après en avoir fait le siége pendant plus d'un an, et après avoir été obigé de se retrancher lui-même dans dans les environs (*a*).

(*a*) *Idem venerandus pontifex castrum quod Petra-pertusata dicitur cùm, anno integro et eo ampliùs, tribus*

Mais rien ne prouve qu'Étienne de Bar ait gardé sa conquête. Au contraire : à toutes les époques du douzième siècle, on voit les comtes de Salm en possession du château de Pierre-percée. Il a donc fallu qu'ils y rentrassent par un accommodement, et cet accommodement est sans doute celui auquel saint Bernard a travaillé.

Bien plus, les succès que l'évêque de Metz a obtenus dans cette campagne ne lui ont pas même valu l'honneur d'acquérir le haut domaine de ce

---

munitionibus (quarum usque hodie vestigia apparent) in circuitu formatis obsidione clausisset, tandem compulit ad deditionem. Chronici Metensis appendix prior.

Dom Calmet, en copiant ce passage, qui est le seul monument de ce siége, ajoute que *le château de Pierre-percée appartenait alors aux comtes de Salm, et qu'il était alors la terreur du pays, parce qu'il servait de retraite à des bandits qui faisaient mille ravages dans les campagnes et dévalisaient les voyageurs* (Hist. de Lorr., tome 2, page 74). Il y a là non-seulement erreur, mais encore contradiction, à moins que les comtes de Salm n'aient été eux-mêmes ces bandits : ce qui est hors de toute apparence. Des bandits auraient-ils fondé l'abbaye de Haute-Seille, et auraient-ils reçu les premiers Religieux qui y vinrent comme des anges envoyés du ciel (*Note* 12)? Dom Calmet confond deux époques, celle du siége fait sous les yeux de l'empereur Herman, en 1080, et celle de la guerre d'Étienne de Bar, qui n'a été appelé à l'évêché de Metz que vers l'an 1120.

château, puisque l'historien Richer rapporte que les comtes de Salm en ont toujours joui comme d'un *franc-aleu* (*a*), c'est-à-dire comme d'un domaine indépendant, jusqu'à ce que le comte Henri IV fut obligé, pour remédier au désordre de ses finances (*b*), d'inféoder le château de

---

(*a*) *Pierepercie, quod allodium esse ferebatur*. Lib. 5, cap. 6.

(*b*) Richer ne nie pas que ce furent les moines de Senones qui furent la cause de cet embarras de finances : au contraire, il s'en fait gloire. Le comte Henri IV avait découvert les mines de fer de Framont, et il avait fait de grandes dépenses pour les exploiter. Il avait construit des forges et fait venir des ouvriers à grands frais. Lorsque tout fut fini, les moines de Senones allèrent en corps signifier leur *veto*: *abbas et conventus ipsum advocatum adierunt*. Ils remontrèrent au voué qu'il ne lui appartenait pas d'élever des forges en cet endroit, attendu que c'était un bien de l'église ; et comme le voué ne tint aucun compte de leurs avertissements, il en vinrent jusqu'à faire briser les forges et se saisir des outils aussi bien que du fer qui avait été fabriqué : *universa utensilia fabrorum, et ferrum quod fecerant, asportavit*. Le progrès de l'industrie, le bien-être de leurs vassaux et les heureux fruits d'une aussi belle découverte, ne leur étaient rien: Il paraît que la devise des moines de Senones était à peu près la même que celle de quelques ecclésiastiques d'aujourd'hui : *Rien de nouveau,*

Pierre-percée et celui de Salm à Jacques de Lorraine, évêque de Metz, s'obligeant par là à ne les posséder, lui et ses successeurs, que comme seigneurs dépendants. Jacques accepta cette proposition avec beaucoup de joie, et vint solennellement sur les lieux, avec plusieurs personnes de sa cour, pour prendre possession des droits qu'il

---

rien de nouveau : ne faites rien, parce que nous avons à vivre ; ne découvrez rien, parce que nous savons tout.

Il n'y aurait point d'histoire plus curieuse à raconter que celle de ces débats ; et du reste les matériaux ne manqueraient pas, parce que le moine Richer, qui vivait à cette époque, s'appesantit jusque sur les moindres détails. On ne fit point la guerre, parce que l'évêque Jacques prit assez froidement le parti des moines, et que d'ailleurs il n'était point belliqueux. On se souvenait peut-être aussi de l'inutilité de l'expédition d'Étienne de Bar. Mais, en revanche, les sentences d'excommunication plurent comme la grêle sur le pauvre Henri. Tous les dimanches, à la grand'messe, son nom était voué à l'anathème et à l'exécration publique. Le comte usa de représailles. Son bailli escalada les murs du monastère avec une poignée de troupes, et y fit quelques saisies. Les moines se mirent en procession et quittèrent le couvent, où ils ne reparurent que huit mois après. Ils faisaient tout ce qu'ils pouvaient pour se donner l'air de saints personnages souffrant pour la cause de l'Église. C'est ce que font encore aujourd'hui quelques chefs de paroisses lorsque leur orgueil et leur insolence les ont exposés à quelques tracasseries.

avait achetés. Pour cela, il passa une nuit au château de Pierre-percée; on lui en remit les clefs, et il institua le portier et le garde-tour. Il en fit autant pour le château de Salm, et prit acte du tout (*a*). Depuis ce temps, et depuis ce temps seulement, les comtes de Salm rendaient hommage pour ces deux châteaux aux évêques de Metz. Ce fut en 1499 que les dernières reprises eurent lieu (*b*). A cette époque l'autorité des évêques de Metz commençait à décroître, et les comtes de Salm en profitèrent pour s'affranchir du joug de suzeraineté.

La conquête d'Étienne de Bar, de quelque na-

(*a*) *Episcopus verò, accersitis secum viris discretis, ad utrumque castellum accessit, et ibi pernoctavit, et custodes turrium et portarios portarum instituit; et super his omnibus privilegia facta ad episcopium suum reportavit.* Richer, lib. 5, cap. 6.

Cette prise de possession eut lieu en 1258. *Notice de la Lorraine*, art. Pierre-percée.

(*b*) « En 1499, Jeanne de Saarwerden, comtesse de Salm, dame de Fénétrange, fit ses reprises du château de Pierre-percée, tant en son nom qu'au nom de ses enfants, auprès de Henri de Lorraine, évêque de Metz; » — c'est à dire qu'elle reconnut ce prélat comme premier seigneur du château. *Ibid.*

ture qu'elle ait été, n'a donc eu aucun résultat fâcheux pour les comtes de Salm. Si cette conquête les a forcés de sortir de leur manoir, ils y sont rentrés presque aussitôt. Et bien loin que cette guerre ait porté atteinte à leurs droits, elle n'a fait en quelque sorte que les augmenter, puisque dans le courant du même siècle ils ont obtenu de bâtir une nouvelle forteresse sur les terres de l'abbaye, sous la condition d'une redevance à peu près nulle (*Note* 34).

(32. *Page* 260.)

« Henri II (de Salm) épousa Jutte, ou Joatte, ou Judithe de Lorraine, fille de Ferri de Bitche, dont il eut plusieurs fils et deux filles. » *Hist. de Lorraine, tome* 1er, *liste généalogique des comtes de Salm.*

(33. *Page* 262.)

« Ce fut vers ce temps-là que la seigneurie de Blâmont entra dans la maison de Salm par le mariage de la fille unique et héritière des anciens seigneurs de Blâmont et de Turkestein, avec Herman de Salm. » *Notice de la Lorraine,* article BLAMONT.

(34. *Page* 262.)

« Le château de Salm près les forges de Frâmont n'a été bâti que sur la fin du douzième siècle, vers l'an 1190, sur un fonds appartenant à l'abbaye de Senones, sous la redevance de deux sous *strasburgis* de cens annuel. *Notice de la Lorraine,* art. SALM-EN-VOSGES.

« Du temps de l'abbé Henri, fut bâti le château de Salm, dans le val de Bruche. Ce nom lui fut donné en souvenir d'un autre château de Salm, situé dans les Ardennes, d'où sont venus les comtes de Salm. Le comte Henri qui fit bâtir le château dont nous parlons avait épousé la sœur de Frédéric, ou Ferri, duc de Lorraine. » *Ric., liv.* 4, *ch.* 26.

Il est donc établi que le château de Salm fut bâti par le gendre de Ferri de Bitche, et non par le comte Henri IV, son petit-fils, comme l'assure D. Calmet dans son *Histoire de Lorraine, tome* 2, *page* 382.

Après la construction de ce nouveau castel, les comtes de Salm n'abandonnèrent point pour cela le château de Pierre-percée. Par le traité d'accord qui a été fait, l'an 1261, entre le comte Henri IV et l'abbé Baudouin, au sujet des forges de Framont, il paraît qu'ils habitaient alternativement l'un et l'autre castel.

« Et est encour à savoir ke si li sires de Sames ou sa femme sont à Sames où à Pierc-parcïée, ou dedans les chastelcries de ces dous chastais, kil puent poschier à lour volontei en celes mêmes anues. Et quand ils seront allonrs, il, neu atre por ais, ni doient poschier. Se donc ne venait as chasteleries d'avant nommées aucuns de son conseil, ou kil i fist habargier gens estranges, a donc por ceais i porroiens poschier. » *Hist. de Lor., tome* 2, *preuves, page* ccclxxxvii.

C'est-à-dire :

Il est encore à savoir que si le seigneur de Salm ou sa femme sont à Salm ou à Pierre-percée, ou dans les châ-

tellenies de ces deux châteaux, ils pourront pêcher à volonté dans les eaux ci-dessus mentionnées ; et que quand ils seront ailleurs, ni eux, ni autres pour eux, ne pourront y pêcher. Toutefois s'il venait à arriver dans l'une ou l'autre des châtellenies qui viennent d'être nommées quelque conseiller du comte ou des étrangers qu'il fallût héberger, dans ce cas encore le comte aura droit de pêche.

Il y avait donc alors deux châtellenies, et Pierre-percée était toujours chef-lieu de la plus considérable et de la plus ancienne.

(35. *Page* 262.)

« La terre et seigneurie de Blâmont entra dans la maison des comtes de Salm par Herman, fils d'Herman II, comte de Salm, et d'Agnès de Langstein. Herman étant mort sans enfants, la terre de Blâmont retourna à Henri, comte de Salm, son frère, époux de Judithe de Lorraine. » *Hist. de Lorraine, tome* 1er, *liste généalogique des comtes de Blâmont.*

(36. *Page* 263. On a oubié d'appeler cette note dans le texte. Elle vient après ces mots : *au lieu où la ville de Château-Salins s'éleva dans la suite*, ligne 4.)

« L'abbaye de Salival (*à une lieue de Vic*) reconnaît pour fondatrice la comtesse Mathilde, qui se qualifie comtesse de Hombourg ou de Hambourg, et qu'on croit être de la maison de Salm. » *Notice de la Lorraine, article* SALIVAL.

Cette fondation est de l'an 1180, comme le témoigne la bulle du pape Alexandre III, rapportée par Dom Calmet dans son *Histoire de Lorraine, tome 2, preuves, page ccccviii*. Cette Mathilde de Salm, devenue comtesse de Hombourg et fondatrice de Salival, est donc originaire de Pierre-percée, puisque dans le douzième siècle la maison de Salm n'a eu d'autre résidence que le château de Pierre-percée. Il est donc très-probable que cette même Mathilde se trouvait dans ce castel, et était jeune encore, lorsqu'il fut assiégé par Étienne de Bar, puisque d'un côté ce siége n'a pu avoir lieu que depuis 1120 jusqu'en 1160; et que, de l'autre, Mathilde était déjà avancée en âge lorsqu'elle fit bâtir le monastère de Salival. Quinze années après, c'est-à-dire en 1195, elle fit son testament, dans lequel elle lègue le village de Bourmont près de Vic (il n'existe plus) à la dite abbaye. Elle dit en termes formels qu'elle fait cette donation pour le repos de l'âme du comte Arnou, sen époux : *pro remedio animæ dilectissimi mei sponsi Arnulphi, comitis de Hombourg*, et qu'elle n'a plus d'enfants : *me orbatâ liberis* (*loco citato*). C'est d'après le même testament, fait à Château-Salins, que nous avons conclu que la même comtesse Mathilde est la fondatrice de ce lieu; car dans aucun titre ni dans aucun monument antérieurs il n'est question ni de cette ville ni du château qui lui a donné naissance. Fait et passé dans *notre Château-Salins*, dit la vertueuse comtesse après avoir exprimé ses dernières volontés : *Datum et actum in nostro Castro-Salli, decimâ die mensis aprilis, anno Domini millesimo centesimo nonagesimo quinto.* Un seigneur *Nicolas de Salm* a signé cette pièce comme témoin: *Domino Nicolao à Salmis.* Plusieurs comtes de Salm ont voulu être enterrés à Salival.

« On y voit des mausolées de quelques comtes de Salm, dit Dom Calmet, entre autres ceux de Henri, comte de Salm, mort en 1292, de Jean VIII, comte de Salm, maréchal de Lorraine, dont le tombeau est en marbre *etc.* » *Notice de la Lorraine,* article Salival.

(37. *Page* 263. Cette note à été appelée dans le texte sous le n° 36).

« Notre prélat prit la croix en 1146, et l'année suivante Louis VII, roi de France, le comte de Maurienne et le marquis de Montferrat arrivèrent à Metz et se joignirent à Étienne pour faire ensemble ce voyage. » *Hist. de Lorraine,* tome 2, page 83.

« Étienne revint de son voyage en 1149, avec Renaud, comte de Bar et de Monçon, son frère. Celui-ci mourut cette année au château de Monçon, *etc.* » *Ibid.*

Nous terminerons ces notes par un appendice sur l'histoire de Pierre-percée.

Il est certain que l'époque la plus mémorable de ce castel est celle où il a été investi par les troupes d'Étienne de Bar, et où il a résisté, pendant douze ou quinze mois, aux efforts de ce prélat guerrier, soutenu de ses amis. Aucun rocher sur la terre peut-être n'a mérité la gloire d'un aussi long siége. A cette époque ce castel était sans rival dans les Vosges. Le château de Beauregard, près de Raon-l'Étape, n'existait pas encore ; ceux de Deneuvre et de Blâmont n'étaient que des nids de fauvettes en comparaison de ce nid d'aigles. Une noble famille, une famille qui avait assez de richesses pour fonder des monastères dans ses domaines et assez de pouvoir pour faire trembler la ville de Metz, y faisait sa résidence et bravait l'autorité monastique déjà consolidée par une existence de cinq siècles. Son seul tort peut-être était de trop bien connaître les avantages de sa position. Étienne de Bar, la seule puissance formidable qui était alors en Austrasie, ne put enlever ce rocher de vive force, et les succès qu'il obtint dans cette lutte ne servirent qu'à consolider l'indépendance des augustes descendants de l'empereur Herman. Peu de temps après, Judithe de Lorraine vint reposer sa tête sur ce rocher magnifique, et avec elle sans doute y monta tout ce qu'il y avait de luxe et de grandeur dans la cour de son père.

Cent ans plus tard, une nouvelle querelle s'éleva

entre le souverain de Pierre-percée et les moines de Senones, à l'occasion de la découverte des mines de Framont. La querelle fut grande, mais cette fois-ci on aima mieux la vider par la ruse et par l'excommunication que par les armes. On n'allia plus l'épée à l'étole, mais à l'étole on allia la malice et la fourberie. On laissa le comte de Salm s'épuiser dans des constructions que l'on eut ensuite le plaisir de renverser. L'évêque de Metz était riche, et Henri IV, qui avait aussi fait des dépenses considérables pour élever des salines à Morhange, manquait d'argent. Force fut au noble comte d'aller trouver ce commerçant en fiefs et d'inféoder Pierre-percée. Dès-lors le castel souverain ne fut plus qu'un fief de l'évêché de Metz. Les moines de Senones avaient remporté la victoire, et le comte de Salm signa un arrangement d'après lequel les mines de Framont devaient être exploitées en commun.

Depuis 1261 jusqu'en 1499, aucun acte ne révèle l'existence du château de Pierre-percée que pour apprendre à la génération future que les comtes de Salm étaient fidèles à remplir l'engagement pris par l'inventeur des mines de Framont. Chaque comte, à son avènement, allait solennellement offrir les clefs du château de Pierre-percée à l'évêque de Metz, et celui-ci les lui rendait avec les cérémonies d'usage.

Après 1499, pareilles reprises n'eurent plus lieu. Les cérémonies suzeraines commençaient par ne plus rien signifier, et le château-fief, avant de s'éteindre, jeta encore quelques lueurs d'indépendance.

Ici tous les documents cessent : On ne sait comment a fini le château de Pierre-percée, ni à quelle époque les comtes de Salm l'ont abandonné ; ou plutôt ce silence de l'histoire nous l'apprend d'une manière presque aussi positive que l'auraient pu faire des relations détaillées.

L'an 1633, les Suédois pénétrèrent en Lorraine et laissèrent surtout des traces de dévastation dans les Vosges. Repoussés d'abord par le duc Charles IV, fils de François de Vaudémont et de Christine de Salm, ils revinrent l'année suivante en plus grand nombre, et se joignirent à l'armée française qui occupait Nancy. Il n'est point de maux que ces deux armées réunies n'aient fait souffrir aux malheureux Lorrains. Tous les auteurs s'accordent à dire qu'aucun pays sur la terre n'a vu des misères pareilles, et quelles surpassèrent tout ce que l'on vit de plus affreux au siége de Jérusalem. Les villes furent incendiées, beaucoup de villages furent détruits, et les châteaux que le canon n'avait pu renverser furent démolis de sang froid, par les ordres de Richelieu, lorsque la Lorraine, privée de ses princes et mutilée dans toutes ses parties, palpitait comme un cadavre sous le couteau de ses assassins. Le duc Charles IV avait hérité de la moitié du comté de Salm : peut-être le château de Pierre-percée était-il dans son lot. Ce qu'il y a de certain, c'est que tous les châteaux qui étaient sur l'ancienne terre de Lorraine disparurent à cette époque, et que pas un seul n'est resté debout pour attester aux générations futures que la gloire a passé sur leur sol. Ainsi le castel qui avait résisté à l'épée du cardinal Étienne succomba sous le marteau du cardinal Richelieu. Seulement la tour imprenable resta debout, et les décombres du vaste manoir ne purent combler le puits qu'avait creusé la main d'Agnès. Si ce castel, dont toutes les ruines d'ailleurs offrent les signes d'une destruction violente, fût tombé dans un temps plus paisible, il est certain que quelque écrivain aurait mentionné la cause de sa chute ; mais lorsqu'un vaste duché s'écroule au bruit du canon, lorsque ses habitants rendent le dernier soupir moissonnés par le glaive ou par la faim, personne ne songe à raconter comment un rocher a perdu son sceptre et sa gloire (a).

(a) Les misères de cette époque sont trop profondes, et déjà trop oubliées, pour que nous hésitions à transcrire ce qu'en rapporte Dom Calmet.

« Cependant la Lorraine était comme le jouet de ses ennemis, exposée à tout ce que la guerre, la peste et la famine ont de plus affreux. Un auteur du temps et du pays raconte ainsi les maux que la Lorraine souffrit pendant ces années.

« *La peste commença à Pâques de l'an 1630, et ne cessa qu'en Mars de l'an 1637. En même temps la guerre et la famine désolaient le pays. Ces fléaux furent tels qu'il resta à peine la centième partie des habitants qui l'habitaient auparavant..... Dans Nancy, il mourait par* jour vingt-cinq à trente personnes, que l'on jetait pêle-mêle dans une grande fosse ; on les y portait sans cérémonie, sans prêtre, sans croix, sans luminaire, et souvent nus et sans drap. Dans d'autres endroits, on les laissait sur la terre, sans sépulture, abandonnés aux chiens et aux bêtes carnassières.

« Certains villages étaient tellement déserts, que les loups faisaient leurs retraites dans les maisons. La famine fut si extrême, que les hommes se mangeaient l'un l'autre : le fils mangeait son père, le père son enfant, la mère sa fille. Le voyageur ne dormait pas en sûreté auprès de son compagnon de voyage, craignant qu'il ne l'égorgeât pendant son sommeil pour le manger. On pendit dans un village aux portes de Nancy un homme convaincu d'avoir tué sa sœur pour un pain de munition. Les charognes, les animaux morts d'eux mêmes, dont dans d'autres temps on a horreur, étaient recherchés avec avidité, et regardés comme un grand régal. Les fruits sauvages, les racines champêtres, les glands, se vendaient communément dans le marché pour la nourriture de l'homme. Le resal de blé dans les années 1635, 56, 37, 38 et 39, se vendait communément 30, 60, et 100 francs barrois (Son prix ordinaire est de 15 ou 18 francs). Les terres demeuraient en friche et couvertes d'épines ; les prairies abandonnées se chargeaient de bois et nourrissaient une infinité d'animaux vénimeux.

« On a vu dans certains villages les hommes s'atteler à la charrue ou à une charrette, faute de chevaux et de bœufs. On ne voyait de tous côtés qu'une multitude de pauvres et de mendiants, hâves, affreux, défigurés, couverts de mauvais haillons, sans retraite, sans secours, sans feu durant la plus rigoureuse saison. Plus de troupeaux à la campagne, plus de laboureurs dans les champs : les chemins mêmes étaient abandonnés et inconnus. Le soldat lubrique et impitoyable, n'épargnant ni le sacré ni le profane, exerçait sa brutalité sur les biens et sur les corps..... Si le soldat ne trouvait point d'argent sur la personne qu'il avait prise, il lui ôtait la vie, et lui ouvrait les entrailles pour y chercher l'or qu'il la soupçonnait d'avoir avalé. Les sacriléges, les incendies, les profanations des lieux les plus sacrés, n'étaient regardés que comme un jeu.

« Telle était, ajoute Dom Calmet, la situation de la Lorraine pendant ces temps infortunés.

« Pour la réduire à un état où elle ne pût jamais faire ombrage à ses voisins, on ordonna en 1656, dans le conseil du roi (Louis XIII), de faire démolir tout ce qui restait de châteaux dans la province. En voici la liste :

« ....
....

« Bruyères, Raon, Saint-Dié, Saint-Hyppolite, Sainte-Marie-aux-Mines, Badonviller. » *Hist. de Lorraine, tome 3, page 529 et suivantes.*

Nous nous permettrons de commenter cet édit de Louis XIII, et de dire que ce château de *Badonviller*, dont la destruction était ordonnée, ne pouvait être que celui de *Pierre-percée*, situé à une lieue de cette ville, comme le château que le même édit désigne sous le nom de *Raon* ne peut être que celui de *Beauregard*, placé autrefois sur la montagne qui avoisine ce lieu. Il n'a jamais existé à Badonviller, non plus qu'à Raon-l'Étape, de forteresse qui ait pu mériter l'honneur d'être démolie légalement par les Français, et on n'a jamais vu, ni dans l'un ni dans l'autre lieu, des ruines qui attestent l'existence d'un manoir féodal. Il paraît donc assuré que l'auteur de l'édit s'est contenté de désigner les châteaux à détruire par l'indication de la ville ou du bourg qui les avoisinait, sans s'inquiéter de leur nom. Ainsi, si l'on prend l'édit dans ce sens (et nous ne croyons pas qu'on puisse le prendre autrement), il y a précisément deux siècles, au moment où nous rendons les derniers devoirs au château de Pierre-percée, que ce château gigantesque a disparu de la terre des vivants.

Et en terminant ses destinées sous les coups des Français, cet antique manoir n'en a pas moins eu l'honneur de s'allier à la France, et de donner des descendants à ses rois. Gaston, frère de Louis XIII et souche de la maison d'Orléans, avait épousé par inclination Marguerite, fille de François de Vaudémont et de Christine de Salm. C'est en grande partie en haine de ce mariage, contracté sans son aveu et agréé par le duc Charles IV, frère de Marguerite, que Louis XIII s'achemina vers la Lorraine, avec l'intention de la réduire. Les Français craignaient la prépondérance que les ducs de Lorraine acquerraient chez eux, si une princesse de cette maison venait, après la mort de Louis XIII, alors sans enfants, à devenir reine ou régente. On craignait que le sang lorrain ne devînt trop puissant ou trop hardi s'il venait à régner sur la France. En dépit de Louis XIII et de la politique de Richelieu, qui ne pouvait souffrir d'autre influence que la sienne, le mariage du duc d'Orléans avec la petite-fille de Paul, comte de Salm, fut maintenu et reconnu valide; mais la Lorraine fut ravagée, et les comtes que le château de Pierre-percée a portés pendant plus de cinq siècles sont devenus les ayeux maternels de Louis-Philippe, Roi des Français.

LISTE DES SOUSCRIPTEURS

au Château de Pierre-percée (1).

M. MARLIER, Maire à Raon-l'Étape : 5 Exemplaires.
M. DROUET, Juge-de-Paix à Raon-l'Étape, tant pour lui que pour les trois MM. MOITRIER, de Baccarat : 4 Ex.
M. LICOURT, Juge-de-Paix à Senones : 4 Exemplaires.
M. de CAUMONT, Recteur de l'Académie de Nancy.
M. MITRAUD, Curé de Rochechouart (Haute-Vienne).
M. *Édouard* BOULAY, Littérateur à Langres.
M. *Adolphe* de GAZAN, Propriétaire à Grasse (Var).
M. *Jules* DOCTEUR, Percepteur des Contributions, à Saales.
M. *Alexandre* MARCHAL, Propriétaire à Raon-l'Étape.
M. MARCHAL (jeune), Propriétaire à Raon-l'Étape.
M. PIROUX, Directeur de l'Institut des Sourds-muets, à Nancy.
M. de SCITIVAUX, Propriétaire à Nancy.
M. PERROT, Professeur au collège de Phalsbourg.
M. *Charles* MANDEL, Avocat à Nancy.
M. *Joseph* RÉGNIER, Avocat à Nancy.
M. DANELLE, Maître de Forges au Buisson (Haute-Marne).
M. MITRAUD, Juge-de-Paix à Magnac-Lavalle (H^{te}.-Vienne).
M. MASSON, Secrétaire de la Mairie de Blâmont.
M. MASSON, Curé de Badonviller.
M. BÉGUIN, ancien Curé de Pierre-percée.
M. *Auguste* GUYARD, Professeur à Paris.
M. KOEHLER, Curé de Saulcy.
M. AUBRY, Notaire à Raon-l'Étape.
M. DEPÉRONNE, ancien Notaire à Raon-l'Étape.
M. *Charles* CHARTON, Secrétaire du premier Bureau de la Préfecture des Vosges.
M. *Auguste* BAILLY, Receveur ambulant des Contributions indirectes, à Raon-l'Étape.

---

(1) Les noms des Souscripteurs sont rangés d'après la date de leur souscription.

Mme Boyé, d'Épinal.
M. Marotel, Négociant à Raon-l'Étape.
M. Leromain, Instituteur à Laneuveville.
M. Rozier, Maire et Notaire à Badonviller.
M. de Larminat, Garde-Général à Raon-l'Étape.
M. Bobillier, Entrepôseur des sels à Raon-l'Étape.
M. Duparge, Commissaire de police à Raon-l'Étape.
M. Mellez, Docteur en médecine, à Raon-l'Étape.
M. Cabasse, Pharmacien à Raon-l'Étape.
M. *Auguste* Jacquot, de Raon-l'Étape.
M. François, Directeur de la papeterie d'Étival.
M. Conroy, Marchand de bois à Étival.
M. André, Marchand de bois à Étival.
M. César, Adjoint à Saint-Remi.
M. *Charles* Claude, de Celles.
M. Étienne, de Celles.
M. Simon, Principal du Collége de Saint-Dié.
M. de Mirbeck, Peintre à Saint-Dié.
M. Lhommée, Docteur en Médecine à Saint-Dié.
M. Godard, Administrateur des Cristalleries de Baccarat.
M. Douvier, premier Adjoint à Baccarat.
M. Michaut, Juge-de-Paix à Lunéville.
M. Brice, Caissier des cristalleries de Baccarat.
M. Gridel, Notaire à Baccarat.
M. Crépin, Clerc de Notaire à Baccarat.
M. Skopetz, Secrétaire de la Mairie de Raon-l'Étape.
M. *Quirin* Caro, Propriétaire à Pierre-percée.
M. *Antoine* Cuny, Propriétaire à Pierre-percée.
M. Baillard, Propriétaire à Saint-Max, près de Nancy.
M. Dubois, Négociant à Nancy.
M. *Paul* Laurent, Peintre à Nancy.
M. Valette, Instituteur à Raon-l'Étape.
M. *Charles* Berger, de Raon-l'Étape.
M. Guérard, Conducteur des Ponts et Chaussées, à St-Dié.
M. Comdeau, ancien Notaire à Celles.
M. Poussardin, ancien Notaire à Saint-Dié.
M. Petot, Aumônier de l'hôpital de Saint-Dié.
M. Duvic, Maire à Fenneviller.
Mlle Huin, Propriétaire à Raon-l'Étape.
M. Mougel, Peintre à Raon-l'Étape.
M. Balland, Juge-de-Paix à Rambervillers.

M. *Alexandre* Rucher, Militaire à Alger.
M. Marchal, Notaire à Rambervillers.
M. Thirion, Pharmacien à Rambervillers.
M. Michon, Vérific.r des Poids et Mesures, à Rambervillers.
M. Berger, Percepteur des contributions, à Senones.
M. J. Tresté, Brasseur à Raon-l'Étape.
M. Valentin, ancien Instituteur à Allarmont.
M. *Louis* Laurent, Marchand épicier à Raon-l'Étape.
M. Dardaine, Débitant de tabac à Pierre-percée.
M. Aubert, Limonadier à Raon-l'Étape.
M. Boura, Négociant à Raon-l'Étape.
M. Michaut, de Bruyères.
M. Aubry, Huissier à Raon-l'Étape : 2 Exemplaires.
M. Huin, Notaire à Saint-Dié.
M. Aubry, Instituteur à Fenneviller.
M. Haxo, fils, Maître-Flotteur à Raon-l'Étape.
M. Choub, Clerc de Notaire à Raon-l'Étape.
M. Lemaire, Employé à la Filature de Senones.
M. *Charles* Gehin, Secrétaire de la Mairie de Senones.
M. Iselet, Limonadier à Raon-l'Étape.
M. Husson, Marchand de fer, à Raon-l'Étape.
M. *Isaïe* Spire, de Blâmont.
M. Thomas, Libraire à Nancy.
M. *Jean-Pierre* Barnet, de Roville-aux-Chênes.
M. Eppe, Curé de Sercœur.
M. Lejeune, Juge au Tribunal civil de Vic.
M. Comte, Avocat à Vic.
M. *Constant* Mathieu, Marchand à Bertrichamp.
M. Overlet, de Raon-l'Étape.
M. Noel, Propriétaire à Raon-l'Étape.
M. *François* Duvic, Propriétaire à Pexonne.
M. Thouvenin, Limonadier à Raon-l'Étape.
M. Ferry, Piqueur des Ponts et Chaussées, à Gerbépal.
M.me George, Libraire à Lunéville.
M. Fagot, Conducteur des Ponts et Chaussées, à Raon-l'Étape.
M. Ferry, Notaire à Celles.
M. Gérardin, fils, d'Étival.
M. Thouvenin, Garde-Général à Érival.
M. *Joseph* Richard, d'Étival.
M. *Antoine* Baud, Régisseur de la Ferme de Criviller.
M. *Louis* Lemaitre, de Raon-l'Étape.

M. Mauget, Libraire à Dieuze.
Mlle Colin, de Tomblaine.
M. *Joseph* Duvic, Propriétaire aux Bordes.
M. Jeandidier, Marchand à Raon-l'Étape.
M. Parcollet, Marchand à Raon-l'Étape.
M. *Eugène* Cayet, Employé au canal de la Marne.
M. Blondin, Maire de la ville de Saint-Dié.
Le Cercle littéraire de la ville de Saint-Dié.
La Société d'Émulation du département des Vosges.
M. Henri, Maître-Tailleur à Lunéville.
M. Jeanjean, Sacristain à Lunéville.
M. Crozier, Commis-Négociant à Nancy.
M. Henry, Curé de Pierre-percée.
M. Malo, Professeur à Nancy.
M. Seyer, d'Allarmont.
M. Marlier, Maître-Tailleur à Saint-Dié.
M. Méan, Marchand drapier à Saint-Dié.
M. Bonlaron, Limonadier à Saint-Dié.
M. Hanus, aîné, Traiteur à Saint-Dié.
M. Jacques, Limonadier à Saint-Dié.
M. *Édouard* Fournier, de Saint-Dié.
M. *Antoine* Petitdidier, Tanneur à Saint-Dié.
M. Stricker, Brasseur à Saint-Dié.
M. Houel, Avocat à Saint-Dié.
M. Chevalier, Avoué à Saint-Dié.
M. *Charles* Petitdidier, Tanneur à Saint-Dié.
M. Quillot, Notaire à Corcieux.
M. Mangin, Notaire à Fraize.
M. May, Tanneur à Saint-Dié.
M. Buffet, Entrepôseur des sels à Saint-Dié.
M. Voirin, Rentier à Saint-Dié.
M. Colnée, Limonadier à Saint-Dié.
M. Dillensegel, Limonadier à Saint-Dié.
M. Thomas, Meunier à Raon-l'Étape.
M. *Nicolas* Marande, Étudiant à la Haute-Neuveville.
M. *Pierre-André* Henri, de Laneuveville.
M. *Jean-Baptiste* Laurent, de Pexonne.

Nota. Plusieurs Souscripteurs ont désiré que leurs noms ne soient pas inscrits.

IMPRIMERIE DE J.-C. DOCTEUR, A RAON-L'ÉTAPE.